AF326146

ORDONNANCE

DE MONSEIGNEUR

L'ARCHEVESQUE

DE PARIS,

RENDUE SUR LA REQUESTE du Promoteur général de l'Arche-vêché de Paris, au sujet des prétendus miracles attribuez à l'intercession du sieur Pâris Diacre, inhumé dans le Cimétiere de la Paroisse de Saint Médard.

A PARIS,

Chez PIERRE SIMON, Imprimeur de Monseigneur l'Archevêque, ruë de la Harpe, à l'Hercule.

M. D. CC. XXXV.

AVEC PRIVILEGE DU ROY.

REQUESTE

DU PROMOTEUR

GENERAL

DE L'ARCHEVESCHE'

DE PARIS,

ONSEIGNEUR,

UN objet important excite aujour-
d'hui le zele & les remontrances de votre Promoteur.

Pour expliquer le Fait, il faut remon-
ter jusqu'au temps que feu Monseigneur le Cardinal de Noailles, Prédé-
cesseur de VOTRE GRANDEUR, vivoit
encore.

En 1728. il fut fait des informations par le sieur Thomassin, alors Vicegerent de l'Officialité ; touchant certaines guérisons, qu'on attribuoit à l'intercession du sieur Pâris Diacre, inhumé dans le petit Cimetiere de saint Medard.

Ces informations qui commencerent le 22. Juin, & finirent le 12. d'Août de la même année, sont demeurées secrettes, & comme ensevelies dans un profond oubli pendant près de trois années. Enfin le 10. d'Août de l'année 1731. un homme dont on nous a laissé ignorer le nom, les porta avec cinq copies toutes dressées chez Savigny Notaire, qui collationna les copies, & les remit avec les originaux, à celui qui les lui avoit apportées.

Telle fut l'unique formalité employée pour autoriser la premiere apparition de ces pieces. Mais comme l'on sentit aussi-tôt après, qu'on ne pouvoit décemment les produire en public avec si peu d'appareil, le lendemain onziéme du même mois, le Pere Fouquet, Prêtre de l'Oratoire, parut chez le même Savigny, & fit dresser un Acte de dépôt, qui porte : *Qu'en exécution des ordres de son Eminence feu Monseigneur le Cardinal de Noailles, il dépose ... les cinq informations, faites par*

Messire Achilles Thomassin ...... Vice-gerent en l'Officialité de Paris, Com-missaire de sadite Eminence, accompagné de Me. Ysabeau, Greffier ordinaire en ladite Officialité, les 22. & 28. Juin, les premier & 22. Juillet, & le 3. d'Août de l'année 1728.

Deux jours après l'Acte de dépôt, c'est-à-dire, le 13. d'Août de l'année 1731. vingt-trois Curez de la Ville, Fauxbourgs & Banlieuë de Paris, pré-senterent, ou plûtôt envoyerent à Votre Grandeur par un porteur in-connu, une Requête, où en vous re-querant, MONSEIGNEUR, de rece-voir les copies collationnées des cinq Procès verbaux dreſſez en 1728. ils ne craignent pas d'aſſurer que ces Procès verbaux font *revêtus des formes les plus juridiques,* & que quatre des faits dont il a été informé, *font prouvez avec tant d'évidence, qu'il n'y manque plus que votre autorité, pour les publier folemnel-lement aux peuples, & les leur propoſer comme de véritables miracles.*

Requête des 23. Curez du 13. Août 1731.

Cette premiere Requête fut ſuivie peu après d'une ſeconde, dans laquelle ils renouvelloient leur premiere de-mande, & vous requeroient encore de recevoir les copies de differentes rela-tions, faites au ſujet de treize autres

Seconde
Requête
des 23.
Curez.

guérisons miraculeuses ; *comme étant ,
disoient-ils , un petit nombre de tant
d'autres faits, qui interessent tous la gloire
de Dieu, la Religion , le Salut des Peuples , & en particulier l'Eglise & la
Ville de Paris.*

Nous ne voulons point relever ici le
motif & le principe de cette démarche ;
mais pouvons - nous dissimuler , que
dans l'objet, comme dans la maniere ,
elle blesse également les regles.

Par la requisition qui vous est faite,
MONSEIGNEUR, on entreprend sur
nos fonctions, & on s'arroge un droit
qu'on n'a acquis par aucun titre. On
vous requiert de prononcer , comme si
on vouloit attendre votre décision, pour
publier les faits dont il s'agit , cependant
on la prévient en assurant que quatre de
ces faits sont prouvez avec évidence ;
& pour faire part au Public de ce Jugement, on répand les Requêtes imprimées presque aussi-tôt qu'elles vous ont
été présentées.

Votre Grandeur a long-tems dis-
simulé cette entreprise. Mais enfin, pro-
voqué par de nouveaux écrits, où l'on
avance avec plus d'assurance que jamais,
que les informations de 1728. *sont juridiques , canoniques & regulieres ,* & que
quatre des faits qui en sont l'objet, sont

revêtus de tous les caractères de certitude,
que des faits humains peuvent acquerir ;
Vous nous avez ordonné , MONSEI-
GNEUR , de prendre communication
de ces informations , & de differentes
piéces qui y ont rapport ; & de remplir ,
à cet égard , le devoir de notre miniſtere.

Pour obéïr à des ordres ſi reſpecta-
bles , nous avons examiné le tout avec
ſoin ; & après avoir diſcuté la forme &
le fond des procès verbaux , nous avons
reconnu. 1 °. Que dans la forme ils ſont
infectez de vices & de nullitez. 2°. Que
dans le fond ils ſont manifeſtement in-
ſuffiſans , pour établir les prétendües
guériſons miraculeuſes , dont on vous
demande la publication.

PREMIERE PARTIE.

Examen des Procès verbaux
quant à la forme.

AVANT que d'entrer dans l'examen
de la forme & de l'extérieur de ces
procedures , il eſt néceſſaire de faire le
détail de pluſieurs faits , qui donneront
une juſte idée de l'intrigue & des artifices avec leſquels toute cette affaire a été
conduite.

Les vingt-trois Curez , dans leur pre-

A iv

miere Requête , exposent que *toute la Ville de Paris retentissant du bruit des guérisons miraculeuses, operées par l'intercession du sieur François de Pâris* , M. le Cardinal de Noaiiles se crut obligé d'en faire informer ; qu'il *nomma à cet effet un Commissaire , qui à la diligence du Promoteur en fit une information juridique, &* dressa cinq Procès verbaux sur cinq differens miracles, dont quatre, selon ces Curez , *son prouvez avec évidence.*

A la lecture de ce recit, Vous ne doutâtes pas MONSEIGNEUR , que le Conseil , qui avoit été établi pour le gouvernement du Diocèse sur la fin de la vie de M. le Cardinal de Noailles, ne vous donnât bien-tôt tous les éclaircissemens, que Vous pourriez désirer sur la Commission du sieur Thomassin. Vous assemblâtes donc Messieurs Vivant, Goulard, Coüet , du Bourg & Gueret , tous Vicaires généraux de feu M. le Cardinal de Noailles , & qui seuls avec feu M. d'Orsanne formoient le Conseil de Son Eminence, pour apprendre d'eux s'ils avoient été consultez sur les informations & les procès verbeux , que l'on produit aujourd'hui ; & le 18. Octobre 1731. ils signérent en votre présence la déclaration suivante.

Déclara-   1°, *Que M. le Cardinal de Noailles*

ne leur a jamais fait part du deſſein de faire informer ſur les prétendus miracles du ſieur Pâris.

2°. Qu'il ne leur a jamais dit avoir donné aucune commiſſion à cet effet au ſieur Thomaſſin.

3°. Que l'information faite par le ſieur Thomaſſin ne leur a jamais été communiquée, & que S. E. ne leur a jamais dit l'uſage qu'elle vouloit en faire.

4°. Que trois d'entr'eux ſe ſouviennent ſeulement qu'une perſonne du Conſeil * ayant demandé s'il ne ſeroit pas à propos de faire une information deſdits prétendus miracles, cette propoſition fut unanimement rejettée, & qu'il n'en fut rien écrit dans les déliberations du Conſeil.

Le même jour le ſieur Chevalier Secretaire de M. le Cardinal de Noailles donna ſéparément ſa déclaration, où il dit qu'il ne ſe ſouvient point d'avoir expedié aucune commiſſion par ordre dudit Seigneur au ſieur Thomaſſin, pour informer ſur les miracles du ſieur Pâris, ni d'avoir reçû à ce ſujet aucun ordre de S. E. & que, s'il y avoit eu quelque commiſſion par lui expediée ſur cela, il l'auroit fait inſcrire dans les Regiſtres du Secretariat ; qu'il n'a eu aucune connoiſſance, ni de ladite information, ni que Son Eminence en voulût faire aucun uſage ; qu'il ſe ſouvient qu'une

A v

Marginal notes:

tion des Vicaires généraux de M. le Cardinal de Noailles. Piec. juſt. p. 6. & 7.

Feu Mr d'Orſanne.

Déclaration du ſr Chevalier Secretaire de M. le Cardinal de Noailles. Piec. juſt. p. 8.

perſonne du Conſeil établi par Son Eminence, ayant propoſé de faire faire ladite information, cette propoſition avoit été rejettée, & qu'il n'en a rien écrit dans le Regiſtre des déliberations du Conſeil.

Déclara-
tion du
ſieur Aſ-
ſolan ſe-
cond Se-
cretaire
de M. le
Cardinal
de Noail-
les.
Piec. juſt.
p. 9.

Le ſieur Aſſolan Soûſecretaire de
M. le Cardinal de Noailles, compa-
rut auſſi devant VOTRE GRANDEUR
le 18. Fevrier 1732. Il déclare qu'*il ſe*
ſouvient d'avoir dreſſé une Commiſſion
adreſſée au ſieur Thomaſſin, pour infor-
mer des miracles qu'on diſoit avoir été
operez par l'interceſſion de M. Páris:
mais il ne dit point qu'elle ait été ſignée
de M. le Cardinal de Noailles: il ne
dit pas même de qui il reçut l'ordre de
la dreſſer: il marque expreſſément qu'*il*
ne ſe ſouvient pas ſi c'eſt lui, ou M. Che-
valier qui l'a contreſignéc. Il aſſure qu'*il*
ne l'a point miſe dans les Regiſtres du Se-
cretariat; qu'il n'a jamais ſçu de combien
de miracles on a informé; que depuis lors
il n'a point entendu parler des informa-
tions qui ont été faites; qu'on n'a rap-
porté aucun Procès verbal, ni autres
pieces concernant leſdits prétendus miracles
au Secretariat; & que jamais S. E. ne lui
en a parlé, non plus que M. Thomaſſin.

Vous ne vous en tintes pas, MON-
SEIGNEUR, àux ſeuls témoignages de
ceux qui étoient auprès de M. le Cardi-

nal de Noailles , & qui avoient part au gouvernement de son Diocèse : Vous voulutes encore entendre séparément les trois principaux Acteurs, qui avoient paru dans cette affaire. Vous fites donc appeller le 15. Fevrier 1732. le sieur Thomassin , le sieur Isoard Curé de sainte Marine , & le Pere Fouquet ; c'est-à-dire, le Commissaire, le Promoteur & le Dépositaire des Procès verbaux.

Quelque tems auparavant le sieur Thomassin Vous avoit envoyé un Extrait des informations, qui contient cinq faits differens. Les noms des malades que l'on prétend avoir été guéris miraculeusement , y sont énoncez , ainsi que la nature de leurs maladies, & les noms des témoins entendus en chaque information. La premiere de ces informations concerne Pierre Lero ; la deuxiéme Jean Nivet ; les trois autres regardent Marie-Jeanne Orget , Elizabeth de Laloe , & la Demoiselle Marie-Magdeleine Mossaron.

Le sieur Thomassin , après avoir certifié devant vous la vérité de cet Extrait, fit ensuite sa déclaration, qui porte : 1°. *Qu'il a fait toutes les informations par rapport aux cinq personnes dénommées dans le Mémoire intitulé :* Ex-

Déclaration du Sr Thomassin Commissaire. Piec. just: p. 10.

A vj

trait des informations, &c. *certifié ve-*
ritable par lui sieur Thomassin ce jour d'hui
15. Fevrier 1732.

2°. *Qu'il a remis à une personne qu'il
ne connoit point, porteur d'une décharge
de feu M. le Cardinal de Noailles, toutes les informations qu'il a faites ; qu'il
se resouvient de n'en avoir remis que cinq ;
& notamment l'information faite au sujet
de Jean Nivet ; qu'il se resouvient même
précisément & particulierement, d'avoir
entendu dans ladite information feu. M. le
Duc de Châtillon.*

3°. *Qu'il se resouvient encore d'avoir
aussi fait & remis une autre information
concernant le sieur Menidrieux ; & que s'il
n'en a pas fait mention ci-dessus, & dans
son Memoire, c'est qu'elle n'étoit pas parfaite.*

4°. *Enfin, qu'il a remis au Porteur de
la décharge de feu M. le Cardinal de Noailles, l'Ordonnance dudit Seigneur, portant commission d'informer, & toutes les autres pieces.*

 Le sieur Isoard Curé de sainte Marine, Promoteur au tems de l'information, affirme par sa déclaration qu'il
présenta une Requête à feu M. le Cardinal de Noailles, pour faire informer des faits miraculeux attribuez au
sieur Pâris ; & que S.E. donna *une Or-*

donnance, portant commiſſion au ſieur *Tho-*
maſſin d'informer de ces faits ; que cette
Ordonnance fut dreſſée par un des Secretaires de l'Archevéché, ne ſçachant ledit
ſieur *Iſoard,* quel fut celui des Secretaires qui la dreſſa & la contreſigna ; mais
ſe reſouvenant ſeulement que S. E. donna
ordre en ſa preſence au ſieur *Chevalier* de
la dreſſer ; qu'en conſéquence lui Promoteur, fit faire *cinq* informations ; que
la premiere regardoit *Pierre Lero,* la ſeconde *la Demoiſelle Orget,* la troiſiéme
la Demoiſelle Laloe, la quatriéme *la Demoiſelle Moſſaron,* & la cinquiéme le
nommé *Menidrieux* : pour chacune deſquelles informations il fit entendre differens témoins ; de maniere que chacune
de ces informations a été parfaite ; & que
c'eſt tout ce qui a été fait à ce ſujet ;
qu'il ne ſçait entre les mains de qui l'Ordonnance & les informations ont été remiſes dans la ſuite.

Par la déclaration du Pere Fouquet
du même jour 15. Fevrier 1732. il eſt
dit *que cinq informations concernant le
nommé Lero, les Demoiſelles Orget,
Laloe, Moſſaron, & le ſieur Menidrieux,
lui ont été remiſes par une perſonne qu'il
ne juge pas à propos de nommer ; & qu'on
ne lui a remis aucune autre information
que les cinq ci-deſſus mentionnées ; leſ-*

Déclara-
tion du
P. Fou-
quet Prê-
tre de
l'Oratoi-
re.
Piec. juſt,
p. 13.

quelles n'étoient renfermées dans aucun pacquet cacheté ; qu'il n'a jamais eu entre les mains l'Ordonnance portant commission au sieur Thomassin d'informer ; qu'il a même oüi dire par le sieur Thomassin, que cette Ordonnance ayant passé successivement entre les mains de lui sieur Thomassin, celles du Promoteur & du Greffier, ladite Ordonnance s'étoit égarée, & qu'on n'avoit pû la recouvrer.

De ces différentes déclarations naissent au premier coup d'œil les observations suivantes.

PREMIERE OBSERVATION. La Commission en vertu de laquelle on prétend que les informations ont été faites, est une piece invisible, qu'on ne represente point aujourd'hui, qui a toûjours été inconnuë aux cinq Grands Vicaires, qui formoient le Conseil de feu M. le Cardinal de Noailles, & à son principal Secretaire. Le Soûsecretaire qui dit l'avoir dressée, ne marque point qu'elle ait jamais été signée de M. le Cardinal de Noailles : il ne se souvient pas par quel Secretaire elle a été contresignée : il convient qu'il ne l'a point inserée dans les Regiſtres du Secretariat, & que S. E. ne lui en a point parlé depuis. Le Commissaire & le Greffier de la Commission ne

sçavent point ce que cette piece est devenuë.

Personne n'ignore cependant que ces
sortes de Commissions, qui établissent
le pouvoir du Commissaire, ne se sé-
parent point de la Procedure ; qu'on
les place toûjours à la tête des informations ; & qu'il est bien extraordinaire que ceux qui ont conservé si
soigneusement tout le reste, n'ayent
perdu que la piece, qui étoit le fondement de toutes les autres. Et pourquoi
donc ne paroît-elle plus aujourd'hui ?
On ne peut en imaginer que l'une de
ces trois raisons : ou la Commission
n'a point été signée par M. le Cardinal de Noailles, ou, s'il l'a signée, il
l'a retirée depuis pour anéantir tout ce
qui s'étoit fait en conséquence ; ou enfin cette Commission contenoit des
clauses & des conditions, dont on
pourroit se servir pour détruire les informations. Dans les deux premieres
suppositions, on ne represente point
cette piece, parce qu'il est impossible
de representer ce qui n'a jamais existé,
ou ce qui n'existe plus. Dans la derniere supposition on ne la represente
point, parce que ce qui seroit possible en ce cas, se trouveroit en même
tems nuisible au dessein qu'on a formé.

Seconde Observation. Les sieurs Thomassin, Isoard & le Pere Fouquet se contredisent manifestement dans plusieurs chefs de leurs déclarations.

1°. Sur le sort singulier de cette piece fugitive, qui a disparu avec quelques autres pieces qui devoient y être jointes, le témoignage du Pere Fouquet combat manifestement celui du sieur Thomassin. Celui-ci assure qu'il remit au porteur de la décharge, la Commission ; & celui-là déclare qu'il a oüi dire au sieur Thomassin, que l'Ordonnance ayant passe successivement d'entre les mains de lui Thomassin, dans celles du Promoteur & du Greffier, ladite Ordonnance s'étoit égarée, & qu'on n'avoit pû la recouvrer. Il est impossible de concilier ces deux témoignages : l'un ou l'autre est l'effet d'un étrange égarement de mémoire, si tous les deux ne font pas des suppositions & des défaites.

2°. Il y a encore une contradiction plus étonnante entre le Commissaire & le Promoteur, sur le nombre, sur l'objet, & sur l'état des informations. Sur le nombre, l'un fait mention de six informations, & l'autre n'en compte que cinq. Sur l'objet, le premier attefte qu'il a informé touchant la guérifon miraculeufe de Jean Nivet, fourd & muet ; le fecond, après avoir parlé des informations qui concernent Pierre Lero, les Demoifelles Orget, de Laloe, Moffaron, & le nommé Menidrieux, ajoûte que *c'eft tout ce qui a été fait*. Sur l'état des informations, celui-là affûre que l'information touchant Menidrieux étoit *imparfaite* ; & celui-ci au contraire, prétend qu'elle étoit *parfaite*.

-Il n'y a ici ni méprife de la part du fieur Thomaffin, ni oubli de la part du fieur Ifoard. Peut-on croire d'un côté, que le fieur Thomaffin Commiffaire fe foit trompé en faifant l'Extrait des informations, dans lequel il rappelle le nombre des témoins qu'il a entendus touchant la guérifon de Jean Nivet ; & en affûrant dans fa déclaration, qu'il a fait toutes les informations, dont il eft parlé dans fon Extrait ? D'un autre côté, qui fe perfuadera que le fieur Ifoard Promoteur ait pû oublier une information faite à fa Requête, où il s'agiffoit de la prétenduë guerifon d'un fourd & muet de naiffance, fur laquelle plufieurs témoins, & un témoin de la confidération de feu M. le Duc de Châtillon, avoient été entendus.

Quand on compare ces deux témoignages, & que l'on demande de quel côté est la vérité, cette question paroît d'abord un problême : mais en examinant les circonstances dont le sieur Thomassin fait le détail, on trouve qu'elles décident clairement en sa faveur.

3°. Le sieur Thomassin ne sera-t-il pas du moins d'accord avec lui-même ? Non, il varie sur le nombre des informations remises suivant l'ordre de M. le Cardinal de Noailles. D'abord il assûre qu'il se souvient de n'en avoir remis que cinq, en comprenant celle qui regardoit Jean Nivet. Un moment après il déclare qu'il se souvient encore d'avoir fait & remis une autre information, concernant le nommé Menidrieux. Quelle est la cause de cette variation si surprenante ? Après la premiere déclaration du sieur Thomassin, Vous lui demandâtes, MONSEIGNEUR, s'il n'avoit rien fait sur un certain Menidrieux ? A ces mots, il comprit que VOTRE GRANDEUR étoit instruite, & il prit le parti de faire mention d'un sixiéme Procès verbal, sur lequel non seulement il avoit gardé le silence dans son Extrait ; mais qu'il avoit même exclu, en attestant qu'il se souvenoit

de n'avoir fait que cinq informations ,
au nombre defquelles celle de Menidrieux n'étoit point comprife.

TROISIEME OBSERVATION. Il y a
peu d'apparence que les Procès verbaux ayent été remis au Pere Fouquet
par ordre de M. le Cardinal de Noailles ; nous ne croyons pas que ce Pere
ait voulu impofer au Public ni à fon
Archevêque , lorfqu'il l'a affirmé :
mais n'a-t-il pas ajoûté trop aifément
foi à cet homme dont le nom eft un
myftere, & qui en lui remettant ces
piéces originales , l'affûra fans doute,
que c'étoit par ordre de M. le Cardinal de Noailles, qu'il les lui remet-
toit ?

On ne rapporte point cet ordre ; &
pourquoi un tel ordre auroit-il été
donné ? Dira-t-on que c'étoit pour
qu'on fît de ces Procès verbaux l'ufage
qu'on en a fait ? Mais fi M. le Cardinal de Noailles avoit voulu qu'ils fuf-
fent rendus publics , il y auroit pourvû,
foit en les faifant publier lui-même ,
foit en prenant de juftes mefures pour
conftater le dépôt fait au Pere Fouquet , & pour le tranfmettre d'une maniere autentique à fon Succefleur. Il
n'eft pas vrai-femblable que pour l'execution d'un tel projet, ce Prélat fe foit

ſervi du miniſtere d'un Particulier qu'il n'autoriſe par aucun Acte, ni par aucun Ecrit.

Il eſt in-
certain ſi
le 10.
Août les
Procès
verbaux
étoient
entre les
mains du
P. Fou-
quet.

Ce ne ſeroit pas même porter le ſoupçon juſqu'à l'excès, que de dou-ter, ſi le dixiéme d'Août de l'année mil ſept cent trente-un, les informa-tions étoient entre les mains du Pere Fouquet. Car, s'il en étoit deſlors dépoſitaire, pourquoi ne parut-il pas dès ce jour-là chez Savigny Notaire; ou du moins pourquoi ne dépoſa-t-il pas dès ce jour-là, les pieces qu'il avoit en ſon pouvoir? Quelle raiſon avoit-il de ne pas ſe montrer, ou de ſuſpendre le dépôt qu'il fit le lende-main? Il eſt naturel de penſer que le dixiéme d'Août il n'avoit pas encore en ſa diſpoſition les piéces qu'il a dé-poſées le jour ſuivant, qu'il jouë le perſonnage d'un homme emprunté; & que les ordres qu'on prétend avoir été donnez par M. le Cardinal de Noail-les, ſont des ſuppoſitions inventées pour tromper le Public, & peut-être le Pere Fouquet lui-même.

Ce Pere auroit pû dévoiler ces myſ-teres, & la déference qu'il devoit à ſon Archevêque ſembloit l'y obliger: mais un interêt de parti fait tout ou-blier. Interrogé ſur les faits dont il a connoissance, il tient la vérité captive; il ne dit que ce qu'il veut, & il ne veut point dire ce qu'il importe le plus de sçavoir. Comment, dans quel tems, par quelles mains a-t-il reçû les piéces dont il est dépositaire? C'est un témoin muet sur toutes ces circonstances: il est en état de donner des lumieres, & il les refuse: il craint de nuire au projet dont il a eû soin de conserver l'appui dans une reconnoissance de Notaire.

QUATRIÉME OBSERVATION. Nulle preuve que les Procès verbaux de 1728. ayent été remis à M. le Cardinal de Noailles. Ce n'est pas à lui que le sieur Thomassin les remet; ce n'est pas de ce Prélat que le pere Fouquet les reçoit: un anonyme les retire du premier; un anonyme les porte chez le second. Le billet portant décharge, est dressé en presence du sieur Thomassin: nous en avons la preuve dans une Lettre qui nous a été communiquée; mais la remise ne s'en fait que par le moyen d'un porteur inconnu, même à ce prétendu Commissaire.

Pourquoi ces détours, ces voyes obliques, & mysterieuses? On vouloit empêcher que les procès verbaux ne parvinssent au pouvoir du Prélat; &

l'unique moyen pour cela , étoit de substituer par tout un Entremetteur qui s'en tînt toujours saisi , ou qui ne les abandonnât qu'à un zelé partisan du nouveau culte. Tant de précautions, tant de maneges forment un préjugé fâcheux, & un violent soupçon contre tout l'ouvrage qui en est l'objet : la verité est plus simple & plus éloignée de tout artifice.

Nullitez des Procès verbaux.

Si nous examinons maintenant de quelle autorité peuvent être les informations que l'on prétend être *juridiques & régulieres* , il n'est point d'homme raisonnable & instruit des régles d'une procedure juridique, qui ne les regarde comme des pieces informes qui ne méritent aucune attention. Nulles & défectueuses dans leur origine, elles le font encore plus dans l'état où elles se trouvent aujourd'hui.

Procedures nulles par le défaut de commission.

Toute enquête , toute information de quelque nature qu'elle soit, doit être faite ou ordonnée par le Juge , à qui il appartient de prononcer sur la matiere qui fait l'objet de l'information & de l'enquête. Sans cela elle est absolument nulle & de nul effet. Cette maxime eſt fondée ſur la raiſon & le droit naturel , ſur les diſpoſitions des Loix anciennes & nouvelles.

Or il n'eſt pas moins certain que le pouvoir de prononcer ſur un fait miraculeux , appartient uniquement à la perſonne de l'Evêque. D'où il ſuit, que ni l'Official , ni le Vicegerent ne peuvent agir valablement en pareil cas , ſans l'Ordonnance, ou le Mandement ſpécial de leur Prélat : principe ſi bien reconnu par le ſieur Thomaſſin , qu'il a eu toûjours ſoin de ſuppoſer une Commiſſion exiſtante , & de la rappeller à la tête de chaque dépoſition.

Nous ſommes donc en droit de demander ici où eſt la Commiſſion , qui a dû ſervir de fondement néceſſaire aux procès verbaux. On ne la rapporte point ; & toutes les circonſtances que nous avons expliquées , concourent à nous faire douter ſi elle a jamais exiſté ; ou, ce qui eſt la même choſe , ſi elle a jamais été ſignée par M. le Cardinal de Noailles. Elle devroit naturellement ſe trouver avec l'acceptation qu'en a faite le ſieur Thomaſſin , & ſon Ordonnance pour aſſigner les témoins , ou au Greffe de l'Officialité, ou au Secretariat de l'Archevêché. Elle ne ſe trouve point au

Cette commiſſion ne ſe trouve dans aueun des lieux où elle devroit ê-tre.

Greffe de l'Officialité, on l'y a cherché inutilement : & non-seulement elle n'est pas au Secretariat de l'Archevê-ché ; mais le premier Secretaire de M. le Cardinal de Noailles atteste qu'il n'en a aucune connoissance, qu'il ne l'a jamais dressée, qu'il n'a même reçû aucun ordre de la dresser ; le Soûsecre-qui dit l'avoir dressée, sans dire qu'elle ait été signée de M. le Cardinal de Noailles, avouë qu'il ignore par qui elle a été contresignée, & déclare qu'il n'en est fait aucune mention dans les Registres du Secretariat.

Réduit à la chercher hors sa place naturelle, Vous la demandez, MON-SEIGNEUR , au Commissaire , au Promoteur, au Dépositaire des procès verbaux : aucun d'eux n'en est saisi, & ne peut la representer. Vous les inter-rogez sur le sort de cette piece si essen-tielle. L'un vous répond qu'il l'a re-mise avec les procès verbaux, au por-teur inconnu du billet portant décharge: l'autre , qu'il ne sçait entre les mains de qui elle a été remise: le troisiéme, *qu'il n'a jamais eû entre les mains* cette *Ordonnance* : & qu'il a oüi dire par le sieur Thomassin qu'elle s'est égarée. Vous pressez les deux premiers de vous déclarer par quel Secretaire elle avoit

Amas de déguise-mens & de contradic-tions qui font dou-ter avec raison que la commis-sion ait jamais existé.

été

été dreffée & contrefignée : ils vous déclarent qu'ils l'ignorent. Etrange & incroyable ignorance fur une Commiffion qui leur auroit paffé tant de fois par les mains , & dont la lecture auroit dû être faite à chaque témoin entendu dans les informations. Le fieur Ifoard dit à la verité , qu'il fe fouvient que M. le Cardinal de Noailles donna en fa prefence au fieur Chevalier , ordre de dreffer cette Commiffion : mais le fieur Chevalier , attefte qu'il n'a jamais reçû un tel ordre ; & il ajoute que s'il avoit dreffé une pareille Commiffion , il l'auroit fait tranfcrire fur les Regiftres du Secretariat : on n'y en trouve cependant aucune trace.

On ne remarque donc que contradiction, diffimulation, artifice dans toutes les déclarations des différens Acteurs de cette efpece de fcene ; & les difcours mêmes de ceux qui affûrent l'exiftence de la Commiffion , font devenus, malgré eux , une des plus fortes preuves qu'elle n'a jamais exifté.

Dira-t'on que le contraire réfulte de l'Ecrit figné par M. le Cardinal de Noailles , que le Commiffaire rapporte? „ Le fieur Thomaffin remettra au por-„ teur les procès verbaux faits en con-„ féquence de la Commiffion que je

Réponfe à la mention qui eft faite de la commiffion dans l'acte de décharge donné

B

par M. le Cardinal de Noailles.

„ lui ai donnée , fur les miracles de „ M. l'Abbé Pâris, ... fans en rien „ dire à perfonne. Le prefent ordre „ fervira de décharge. "

Mais quelle peut être la force de la preuve qu'on tire de cet écrit ? Il n'eft figné que vingt-deux jours avant la mort de M. le Cardinal de Noailles ; c'eft-à-dire, dans un tems, où il étoit fi facile de le furprendre en abufant de l'infidelité de fa mémoire, & de lui faire figner qu'il avoit donné une Commif- fion, quoiqu'il ne l'eût jamais fait. Qui fçait même fi ce n'eft pas précifément, parce que la Commiffion n'avoit jamais exifté, qu'on a cherché à profiter des derniers momens de ce Cardinal, pour réparer ce défaut, s'il étoit poffible, en lui faifant figner un Ecrit où la Com- miffion étoit énoncée ?

S'il y a eû une commif- fion , elle a été ma- nifefte- ment fur- prife.

Suppofons néanmoins, fi l'on veut, que la Commiffion ait réellement exi- fté, & qu'elle ait été fignée par M, le Cardinal de Noailles : on ne pourra en tirer aucun avantage. Un pouvoir fur- pris & obtenu par artifice, ne mérite pas le nom de pouvoir : la fubreption & l'obreption font des vices qui an- nullent tous les Actes qu'ils infectent : l'un & l'autre Droit réfiftent à l'entre- prife de tout homme qui veut tirer avantage de la fraude & de la furprife qu’il fait à un Superieur ou à un Juge. Mais peut-on douter que s’il y a eû en effet une Commiffion, elle n’ait été le fruit de l’artifice & de la furprife ? Le fecret qu’on a obfervé dans cette affaire, le foin qu’on a pris d’en dérober la connoiffance à cinq Grands Vicaires de M. le Cardinal de Noailles, & à fon principal Secretaire ; le profond filence qu’on a gardé fur les informations, après qu’elles ont été achevées : tout cela ne fait-il pas voir que le projet des informations, & tout ce qui s’en eft enfuivi, eft un ouvrage de ténébres qu’on n’ofoit expofer au grand jour ?

On fçait que dans les dernieres années de fa vie, M. le Cardinal de Noailles, en garde contre l’affoibliffement qu’il fentoit, & toujours occupé du gouvernement de fon Diocèfe, avoit formé un Confeil compofé de fes Grands-Vicaires, auquel affiftoit le fieur Chevalier fon Secretaire de confiance, & où toutes les affaires étoient portées ; qu’il s’étoit fait une loi de ne rien faire fans l’avis de ceux qui le compofoient ; & que toutes les délibérations s’infcrivoient fur un Regiftre. Il eft conftant par la déclaration de cinq de ces Vicaires généraux ; qu'il n'y eut aucune délibération dans le Conseil, pour faire informer touchant les miracles du sieur Pâris ; & que le sieur d'Orsanne en ayant fait la proposition, elle fut unanimement rejettée. Comment donc ce projet, étouffé dans sa naissance, renaît-il aussi-tôt ? Comment M. le Cardinal s'y est-il prêté sans l'avis, & contre l'avis des personnes qui méritoient le mieux sa confiance, & au jugement desquelles il s'étoit fait une loi de renvoyer la décision de toutes les affaires importantes ? Il est visible, que s'il y a eu une Commission expédiée à ce sujet, on ne peut l'avoir arrachée à ce Prélat que par surprise, en abusant de quelques momens d'affoiblissement, où l'âge & les infirmitez le jettoient quelquefois, & en écartant tout ce qui pouvoit lui faire appercevoir les suites & les conséquences d'une démarche si importante.

 La conduite de ceux qui ont eu part aux informations, confirme cette pensée. Car pourquoi du vivant de son Eminence, n'a-t-on jamais osé tenter de consommer le projet ? Pourquoi n'a-t-on pas sollicité le Prélat de publier les miracles dont il avoit été informé ? Pourquoi n'a-t-on pas fait agir auprès de lui les mêmes Curez , qui en ont depuis requis la publication ? Manquoit-on de zele pour le succés de l'ouvrage , & pour la gloire du Diacre de saint Medard ? Tout ce qui a précedé & suivi les informations , fait bien connoître qu'on n'avoit rien tant à cœur que d'accrediter le nouveau culte. D'où a pû naître cette reserve , sinon d'une juste apprehension que Son Eminence n'ouvrît les yeux , qu'elle ne reconnût qu'on l'avoit surprise , & qu'on avoit abusé de son nom & d'un pouvoir obtenu par artifice ?

Nous avons donc eu raison d'avancer que les procès verbaux dressez par le sieur Thomassin sont originairement nuls & de nul effet. Ajoûtons que quand dans leur origine ils auroient été de quèlque valeur, l'état où ils sont aujourd'hui , les dégrade absolument.

Nullitez des Procès verbaux , tirées de l'état où ils se trouvent aujourd'hui.

En matiere de procedure il faut raisonner de ce qui ne paroît pas , comme de ce qui n'a point existé. Ainsi on doit rejetter tout ce qu'a fait le Commissaire , lorsqu'il ne represente point son pouvoir , comme dans le cas où il n'en a eû aucun. Qu'il ait agi en vertu d'une Commission , ou sans Commission ; que l'Acte dont il s'autorise , soit le fruit de la surprise , ou d'une délibération réflechie : dès que la Commiſſion a diſparu , les informations doivent diſparoître : celle-là eſt la baſe de celles-ci ; ſans le fondement tout l'édifice demeure ſans appui , & tombe de ſon propre poids.

Comment donc les auteurs de la Requête ont-ils oſé produire les informations touchant les prétendus miracles du ſieur Pâris , ſéparées de l'Ordonnance en vertu de laquelle elles ont été faites ? Dans cet état , ce ſont des piéces informes & ſans valeur, qui ne ſçauroient même entrer dans l'Ordre judiciaire.

On ne ſçait ſi le Commiſſaire s'eſt conformé aux clauſes de la commiſſion.

Le défaut dont nous parlons , eſt d'autant plus eſſentiel , que ſans la Commiſſion, il eſt impoſſible de conſtater quelle en étoit l'étenduë , & de vérifier ſi le Commiſſaire n'a point excedé ſon pouvoir. Cette piéce fondamentale ne paroiſſant point, on ne peut ſçavoir ſi elle avoit pour objet en général tous les miracles du ſieur Pâris, ou ſeulement certains miracles en particulier , tous les miracles faits & à faire , ou quelques-uns ſeulement dont le Promoteur avoit propoſé l'examen à S. E. On peut par conſequent douter , s'il a été autoriſé à informer de tous les faits énoncez dans les Proeès verbaux ; fi en particulier il a pû en vertu de fa Commiffion, qu'on dit être du 1 5. du mois de Juin de l'année 1728. proceder à la vérification du prétendu miracle operé en la perfonne de la Demoifelle Moffaron, dont la guérifon n'eft arrivée, felon les informations, que le 26. du même mois. Il eft d'autant plus impoffible d'échaper à ce raifonnement, qu'à s'en tenir à la déclaration du fieur Ifoard, la guérifon de la Demoifelle Moffaron n'étoit pas comprife dans la Commiffion du fieur Thomaffin. Ce Promoteur *Piec. juft.
p. 12.* déclare *que fur le compte qu'il avoit rendu à cette Eminence des différens faits dont il avoit eu connoiffance, elle lui avoit ordonné de prefenter une Requête pour nommer un Commiffaire qui en fît l'information ; qu'en confequence en fa qualité de Promoteur, il avoit prefenté fa Requête audit Seigneur Cardinal, au bas de laquelle il mit fon Ordonnance portant Commiffion au fieur Thomaffin Prevôt de S. Nicolas du Louvre', d'informer fur les faits y contenus.*

Suivant cet expofé, la Commiffion avoit pour objet les faits dont le fieur Ifoard avoit *rendu compte* à M. le Cardinal de Noailles ; elle avoit pour objet les faits *contenus* dans la Requête qu'il avoit préfentée à cette Eminence. Or le fieur Ifoard n'ayant pas le don de Prophetie, n'avoit pas rendu compte à ce Prélat le quinziéme Juin 1728. d'une guérifon qui n'arriva que le vingt-fix. Il n'avoit pas non plus compris cette guérifon dans fa Requête qui avoit nécellairement précedé la Commiffion. Par conféquent la Commiffion donnée par M. le Cardinal de Noailles, ne pouvoit avoir pour objet la guérifon de la Demoifelle Moffaron.

Le Commiffaire, en informant de cette guérifon, avoit donc excedé fon pouvoir ; & par-là, il nous met en droit de douter, s'il n'en a pas tranfgreffé les bornes en d'autres chefs. Cette licence ne feroit-elle pas la véritable raifon qui a fait fupprimer ou cacher la Commiffion, fuppofé néanmoins qu'elle ait exifté, & qu'elle n'ait pas été fupprimée par M. le Cardinal lui-même.

L'Acte de décharge dont nous avons parlé ailleurs, ne fçauroit être ici d'aucun fecours au fieur Thomaffin: cet acte qui n'étant qu'un fimple billet, ne peut fuppléer à une piece effentielle & fondamentale dans une procedure juridique, n'explique point quelle étoit l'étenduë de fa Commiffion : il

n'y eſt même fait mention ni du nombre des Procès verbaux, ni des perſonnes de la guériſon deſquelles il avoit
été informé. Ainſi cet Acte, le ſeul
dans toute la procedure muni de la ſignature de M. le Cardinal de Noailles,
eſt une foible reſſource pour prouver
que le Commiſſaire s'eſt exactement
renfermé dans les bornes de ſon pouvoir. D'ailleurs nous avons déja fait
obſerver, combien il y a peu de fonds
à faire ſur l'énonciation des Procès verbaux, faite dans le billet de décharge
du 12. Avril 1729.

Une autre raiſon qui démontre que
les Procès verbaux ne ſont d'aucune au-
torité dans l'état où ils ſe trouvent, Les In-formations ne ſont
c'eſt que n'ayant point été dépoſez & point où elles de-vroient
conſervez dans les lieux que les Loix * être : ſup-preſſions
leur aſſignent, & qu'ayant paſſé en qui y ont
des mains inconnuës, ils ſont devenus pû être
ſuſpects d'altération & de changement. faites, &
Ils ont erré pendant pluſieurs années : qui ont
nous ſuppoſons qu'ils étoient chez le été faites
ſieur Thomaſſin au mois d'Avril 1729. en effet.
époque de la remiſe faite au porteur
de la décharge, qu'il ne nomme pas.
Mais auparavant où étoient-ils ; & que
ſont-ils devenus depuis ce tems-là ? Ils
ſont reſtez en des mains inconnuës.

* Ordonn. de 1667. tit. 22. art. 25. &c.

livrez à des particuliers qui ont été maîtres de les altérer , & de souftraire des pieces effentielles qui pouvoient y être jointes. L'on n'eft pas même ici dans le cas d'un fimple foupçon : non-feulement la Requête du Promoteur, & la Commiffion de M. le Cardinal ont difparu; mais il y a eu une information entiere , qui ne paroît point. C'eft celle qui avoit été faite fur le préten-du miracle arrivé en la perfonne de Jean Nivet : information qui , comme nous l'avons déja dit, a certainement exifté ; information qui dans l'origine a été jointe aux cinq autres ; informa-tion que le fieur Thomaffin déclare avoir remife au porteur de la décharge; information cependant qui a été fouf-traite par les mains infidéles , qu'on a fubftituées à celles des Greffiers. Et qui fçait fi on n'a pas porté la témé-rité , jufqu'à fupprimer d'autres pieces, qui pouvoient fervir à détruire tout ce que l'on avoit intention d'éta-blir ?

Faut-il après cela entrer dans le dé-tail de tout ce qui s'eft fait pour intro-duire ces pieces dans le public ? Faut-il relever toutes les irrégularitez du dépôt qu'on en a fait chez Savigny Notaire ?

1°. Sans vous confulter, MONSEI-GNEUR, fans garder aucun ménage-ment à votre égard, fans pouvoir mê-me juftifier d'aucun ordre de M. le Cardinal de Noailles, le Pere Fouquet fait chez ce Notaire un dépôt, qu'il n'auroit pas eû droit de faire, même avec un ordre de ce Prélat. Car enfin, les Procès verbaux confiez aux foins du Pere Fouquet, appartenoient au dépôt de la Jurifdiction Archiepifcopale. Feu M. le Cardinal de Noailles, (ceci mérite attention) , n'avoit pas droit d'en difpofer après fa mort comme d'un effet de fa fucceffion. Le droit qu'il pouvoit avoir pendant fa vie , de don-ner des ordres au fujet de ces actes , avoit paffé à fon Succeffeur ; & la Com-miffion de ce Pere avoit ceffé par la mort de celui qui l'avoit commis.

2°. Pour donner ou conferver une couleur d'autorité aux pieces dépofées chez le Notaire , il falloit du moins que le Commiffaire & fon Greffier af-fiftaffent à l'acte de dépôt , & qu'ils déclaraffent que les Procès verbaux re-mis entre les mains de Savigny, étoient les mêmes qu'ils avoient dreffez , & que rien n'y avoit été alteré. On omet cependant une formalité fi effentielle, & la foi de ces actes ne demeure affu-

rée , que par le témoignage d'un Dépositaire étranger.

3°. Le Notaire qui reçoit ce dépôt,
n'a pas l'attention de marquer que les
pieces déposées ce jour-là, onziéme
d'Août , font les mêmes qui avoient
été portées chez lui, & dont il avoit
expédié des copies collationnées le
jour précédent : expédition au reste ,
qui étoit une véritable entreprise ; puisque par-là le sieur Savigny s'étoit attribué l'Office de Greffier , & qu'il
avoit même fait ce qu'un Greffier n'auroit pû faire fans votre ordre, MON-
SEIGNEUR , ou votre permission.

Comment donc les vingt-trois Curez ont-ils osé présenter des pieces des-
tituées de tout ce qui peut mériter la
confiance publique, comme des actes
revêtus de toutes les formes , & dont
l'autorité ne peut être révoquée en
doute ? Ils n'ont pû se flater d'imposer
à leur Archevêque : mais ils ont es-
peré d'éblouïr un certain Public. Aussi ont-ils marqué par leur conduite ,
que ce n'étoit pas proprement pour
vous que leurs Requêtes étoient dressées ; puisqu'ils les ont fait imprimer
& répandre, avant que vous eussiez
pû leur répondre, & qu'une d'elles parut dès le lendemain du jour qu'elle
vous avoit été remise.

Qui pourroit ne pas reconnoître maintenant que VOTRE GRANDEUR étoit en droit de méprifer des informations, nulles dans leur origine, & encore plus dans l'état où elles fe trouvent aujourd'hui ; des procédures entreprifes fur un pouvoir, ou fuppofé, ou évidemment furpris, féparées du titre qui feul peut leur donner quelque autorité ; des pieces déplacées & livrées à des mains étrangéres, & fucceffivement à plufieurs mains inconnuës pendant une fuite d'années ; produites enfin, & depofées chez un Notaire, qui n'ufe d'aucune précaution pour s'affurer de leur vérité ?

SECONDE PARTIE.

Examen des Procès verbaux par rapport au fond.

A P R E' S avoir fappé par le fondement les cinq informations dépofées chez Savigny Notaire, il pourra paroître inutile de difcuter en particulier chacun des faits qui en ont été l'objet : nous les difcuterons néanmoins, pour achever de détruire & les infor-

Quoique la forme des Procès verbaux de 1728. foit nulle on veut bien entrer dans l'examen du fond

mations , & les Miracles qu'on dit être *revêtus de tous les caractères de certitude que des faits humains peuvent acquerir.*

Mais avant que d'entrer en matiere, nous croyons devoir obferver que le goût du prodige & du merveilleux, eft un gout dominant dans le cœur des hommes ; & que s'il n'eft dirigé par une fage circonfpection, il peut conduire à mille écuëils. Circonfpection néceffaire , fur-tout en fait de guérifons miraculeufes. Comme on trouve beau d'être diftingué du refte des hommes par un bienfait de ce genre , & que la vanité fe nourrit de la confideration qu'il attire, on le defire avec ardeur , & on fe livre aifément aux moindres apparences. Circonfpection encore plus néceffaire , lorfque ceux qui fe vantent d'avoir été miraculeufement guéris, font des perfonnes pauvres & obfcures : ils excitent par-là une attention qui les met en fpectacle ; qui leur artire des diftinctions & des fecours ; & rien n'eft plus fufpect qu'un témoignage , que l'orgueil & la cupidité peuvent infpirer.

Mais fi un interêt de parti fait prendre part aux miracles que l'on publie, c'eft alors que nous ne fçaurions être trop en garde : car il faut s'attendre.

qu'on mettra tout en œuvre pour en établir la créance ; & il n'eſt pas facile de comprendre, en combien de manieres le faux zele eſt capable de faire illuſion à ceux qui en ſont animez.

Que dans ces circonſtances il ſe faſſe une information pour verifier les faits, tout eſt à craindre pour la verité. S'il eſt peu de perſonnes capables de vouloir impoſer au Juge par un parjure, pluſieurs néanmoins jureront faux, aveuglez par un zele de parti, ou trompez par de vaines apparences ; & tous, ou à deſſein, ou contre leur intention, contribueront à obſcurcir la verité, en exagerant la maladie, ou la guériſon.

Au milieu du cahos que forment de tels témoignages, il eſt pourtant des Régles, qui ſervent à diſcerner ce qui n'a que l'apparence d'une guériſon miraculeuſe, d'avec ce qui en a les vrais caracteres. Nous allons les expoſer en peu de mots ces Régles, puiſées dans les plus pures ſources de la Théologie, & de la Juriſprudence Civile & Canonique ; & nous en ferons enſuite l'application aux faits énoncez dans les informations dont il s'agit.

Regles qui ſervent à diſtinguer les vrais miracles.

PREMIERE REGLE. On ne doit regarder une guériſon comme miracu-

leuſe, que lorſque la maladie étoit naturellement incurable, ou que pouvant
être guérie par la nature, elle l'a été
d'une maniere contraire à ſes loix ordinaires. Sur cela il n'y a point de diverſité de ſentimens parmi les Théologiens.

En effet, un miracle eſt un évenement extraordinaire, ſurnaturel & divin; c'eſt-à-dire, qui excite l'admiration & la ſurpriſe; qui, ſuivant l'ex-
preſſion de ſaint Thomas, eſt au-deſſus du pouvoir & de l'eſperance de la
nature, & qui n'eſt point une ſuite
des Loix générales établies pour le
gouvernement de l'Univers. Ainſi toute
guériſon miraculeuſe ſuppoſe une maladie naturellement incurable, ou en
elle-même, ou dans la maniere dont la
guériſon s'opere.

II. Regle Lorſqu'un malade n'obtient qu'une guériſon imparfaite, il y
a lieu de croire qu'elle eſt un effet de
la nature, ou des remédes, & non d'une
operation divine & ſurnaturelle. "Les
"œuvres de Dieu, dit Moyſe, ſont
"parfaites: *Dei perfecta ſunt opera.* "
Tout ce que Dieu fait par lui-même,
eſt digne de lui, & porte le caractere
de ſes divines perfections. "Quand
"c'eſt Dieu qui donne la ſanté, elle

,, rend d'abord tout ce que la maladie
,, avoit enlevé, " dit S. Jerôme, qui à
l'occasion d'un Miracle particulier de
guérison, établit cette Régle générale:
*Sanitas quæ confertur à Domino, to-
tum simul reddit.* Régle reconnuë par
saint Thomas, qui s'appuïe du témoignage de saint Jerôme, que nous venons de produire, mais qu'il lisoit en
ces termes, *Sanitas quæ confertur à
Domino, tota simul redit.* Regle qui
passe chez les Auteurs les plus versez
dans ces matieres (*a*) pour une maxime constante.

 Ce que nous disons des guérisons
imparfaites, il faut par conséquent le
dire des guérisons qui sont bien-tôt
suivies de rechûtes ; puisqu'une guérison qui n'a point de stabilité, n'est

In cap. 34
S. Matth.
3 P. q.
44. a. 3.
ad 2.

 (*a*) Gaspard à Reies, *Elyf. juc. quæft. camp. quaft.* 24.
pag. 154. *Edit.* 1661. Requiritur ut sanatio sit perfecta,
non manca aut concisa : miraculum enim, ut opus à perfectissima & supernaturali causa dimanans, perfectum &
absolutum esse debet ; quare morbi metastasis in alium
morbum licet leviorem, si aliter non constet, miracu-
losa non est habenda.
 Zach. *l.* 4. *tit.* 1. *de mirac. quæst.* 3. *n.* 10. Conditio
omnium maximè necessaria est quòd opus miraculosum sit
undequaque perfectum. *Marc. Ant Genuen. in prax.
Archiep. Neap. c.* 59. Ricc. *in praxi Epifc Resolut.* 487.
n. 7. Et ex *Medicis Fortun. Licet. l.* 2. *c.* 172. *in
fine.*
 Idem Zach *ibid. qu.* 8. *n.* 9. Sanatio debet esse undequaque perfecta & absoluta, non manca seu concisa :
miraculum enim ut opus à supernaturali & perfectissima
causa emanans, perfectum & absolutum opus est.

ni parfaite, ni réelle. Aussi les mêmes Auteurs assurent-ils, que « quoique » l'on fût délivré d'une maladie diffi- » cile (*a*) incurable, périlleuse, ce » n'est point un miracle si l'on y re- » tombe bien-tôt après. Rendre l'usage » de la vûë, dit Zachias, à un hom- » me qui en étoit privé, & qui peu de » tems après vient à le perdre, ce n'est » point un miracle, parce que c'est » un ouvrage imparfait. Il en est de » même des autres guérisons : « ce » qu'il prouve par la raison, & par des faits dont il a été témoin. « H

(*a*) Zach. *ibid.* Si aliquis liberetur à morbo aliquo difficili, & insanabili, seu periculoso, utpote à forti apoplexia, mox autem denuò in illam relabatur, vel ab ea liberatus paralyticus tamen permaneat, miraculosè factum id non putaverim, &c. *Idem qu.* 3. n. 10. Cæcum cæcitate exuere qui mox in illam relabatur miraculum non est, quia opus imperfectum, & sic de cæteris Et hæc conditio videtur maximè desiderabilis in effectibus, quorum causæ sunt ignotæ, aut qui miraculosi censentur : nam vidi ego plures ægrotantes aliquo morbo molestatos, ad præsentiam, vel adventum, vel tactum alicujus Religiosi, in quo maximam haberent fiduciam, vel etiam aliquarum Reliquiarum, etiam ipsorum Sanctorum (nam neque per has Deus quandocumque nobis libet, & semper miracula operatur) sese à morbo recollegisse, ac melius habuisse ; mox ex eodem morbo deterius molestatos fuisse, & aliquando etiam periisse ; nimirùm quia ex contracta fiducia imaginantur se iis mediis sanari posse : unde naturâ bonâ spe ducta, morbo insultat, mox autem invalescente morbo succumbit. Deus autem cùm miracula operatur, omninò & undequaque perfecta opera efficit.

Gaspard à Reies *loco citato.* Requiritur ut recidiva sublato morbo non contingat.

« faut pour une guérison miraculeuse,
» ajoûte un autre sçavant Auteur, qu'a-
» près que le mal a cessé, il n'arrive
» point de rechûte.

III. Règle. Pour que des guérisons soient censées miraculeuses, il faut qu'elles soient subites & parfaites dans l'instant ; à moins que la maladie ne fût telle, qu'elle ne pût naturellement se dissiper, ni tout à coup, ni avec lenteur Cette Régle est de saint Thomas ; puisque dans le partage qu'il fait des miracles en trois classes, il met au nombre des miracles du dernier rang, la guérison subite d'une fiévre qui se calme tout à coup, sans l'usage d'aucun remede. *Cùm aliquis subitò per virtutem divinam à febre curatur absque curatione, & consueto processu naturæ in talibus ... hujusmodi tenent infimum locum in miraculis.* Si selon saint Thomas, cette guérison, quoique soudaine, est un miracle du dernier rang, à quelle classe de miracles appartiendront les guérisons lentes & successives de maladies guérissables par la nature ?

C'est également la Régle des Docteurs, qui ont approfondi cette matiere. Ecoutons Zachias, qui a travaillé avec tant de succès à établir des

1. P. q. 105. art. 8. in c.

Régles, pour discerner les miracles divins des opérations de la nature. » Quelques-uns, dit-il, guériffent par » la force de la nature de maladies ex- » trêmes & dangéreuses en tout fens … » mais ce n'eft point par miracles qu'ils » guériffent, parce qu'il faut du tems » pour leur guérifon. Quant à celles, » qui font miraculeufes, elles fe font … » dans l'inftant, tout d'un coup, fu- » bitement, d'abord, *in inftanti, con-* » *feftim, fubitò, ftatim.* « Condition fur laquelle il appuye encore ailleurs, & dont il prouve la néceffité par de fortes raifons.

Ce témoignage eft d'autant plus con- fidérable, que cet Auteur affure en plufieurs endroits, qu'on fuit cette Régle à Rome, dans la vérification des miracles produits pour la cano- nifation des Saints ; & qu'il ne pou- voit ignorer l'ufage de cette Eglife, lui qui en étoit fouvent confulté fur ces matieres, comme il paroît par fes dix premieres Confultations inferées au Livre 9.

L'unique exception que les Docteurs mettent à cette Régle, eft celle que Zyppæus, dont les 23. Curez em- ployent l'autorité, y a mife. « Ordi- » nairement, dit-il, il eft néceffaire à

» des guérifons miraculeufes, qu'elles
» fe faffent dans l'inftant : « voilà la Ré-
» gle : « à moins que la maladie dont
» on guérit, ne foit telle, que la na-
» ture foit incapable d'y remédier,
» même par des remédes d'une opera-
» tion lente : « voila l'exception. *In
fanationibus ferè requiritur ut fiant in
inftanti, nifi fortè fanatio talis fit mali,
qui natura non poffit mederi, etiam per
morofa remedia.* C'eft ce que vous aviez
enfeigné très-clairement, MONSEI-
GNEUR, dans Votre Mandement du
15. Juillet 1731. Il eft vifible que
Vous ne demandiez pour une guérifon miraculeufe, qu'elle foit fubite,
que quand la maladie n'eft pas incurable. Comment donc les Curez dans
leur feconde Requête n'ont-ils pas
craint d'infinuer ouvertement, que
vous exigiez pour un veritable Miracle, le concours de ces deux circonftances ? Comment tant d'Ecrivains
anonimes Vous ont-ils infulté à ce fujet avec autant de chaleur que d'indécence.

IV. REGLE. Pour qu'on doive attribuer une guérifon à une caufe furnaturelle, il faut 1°. Que la maladie ait
perfeveré jufqu'au moment que le
Malade a pratiqué l'acte de Reli-

gion dont on prétend que fa guérifon
eft l'effet. 2°. Que la guérifon ait fuivi
de près cet acte de Religion. 3°. Qu'elle
n'ait pas été précedée d'une crife, dont
on puiffe la regarder comme la fuite
& l'effet. (*a*) 4°. Qu'il n'y ait point
eû de mélange de remedes & de fecours
naturels, qui ayent pû operer la guérifon, & qui en rendent par conféquent
la caufe incertaine & équivoque. S'il
manque une feule de ces circonftances,
c'eft un défaut qui fait évanoüir le miracle, ou qui le rend très - incertain:
le fimple expofé de ce principe en fait
fentir toute la verité.

V. Regle. Dans un Enquête ordonnée en matiere de miracles, on ne

(*a*) *Zach. ibib. qu* 8. *n.* 13. Sanationes quæ per infi-
gnem aliquam evacuationem fiant, nempe per vomitum,
per hæmorragiam, per alvi fluorem, per fudorem, per
urinam, aut aliam quamcumque evacuationem, neque
promptè, neque libenter pro miraculis admiferim, nifi
abundè id conftet, etiamfi aliàs dubitandi aliqua occafio
urgeret, etiamfi illicò & quafi in inftanti fierent: nam ut
ex Gal. elicitur 3. *de Crifibus, cap.* 9. aliqui interdùm
fubitè & quafi inftantaneè à morbo evadunt: hoc autem
numquam fit fine crifi, cùm id naturaliter fuccedit. Itaque
crifes, præfertim quæ per infignes evacuationes fiunt, maximè oftendunt fanationem naturæ vi fucceffam. Unde
noto in Sacris quafcumque fanationes abfque ulla fimili
evacuatione fucceffiffe: hoc autem non alia ex caufa factum puto, nifi ut ex hoc pateret eas ex miraculo factas,
non ex naturæ beneficio.

Gafp. à Reies *loco cit.* Requiritur ut nulla notatu digna
evacuatio præcedat; quia fi accidat, tunc verè miraculofa
fanatio dicenda non erit, fed vel ex toto, vel ex parte na-
turalis.

loit avoir aucun égard à la dépofition
les Perfonnes fans honneur & fans probité , & genéralement de toutes celles,
dont le témoignage feroit rejetté en
matiere civile & criminelle. Une Enquête qui interefle la Religion, exige
du moins autant de précaution , qu'on
en employe dans celles qui peuvent
intereffer les membres de l'Etat.

Par une fuite de cette maxime , on
ne peut faire aucun fond fur la dépofition d'un témoin , qui fe parjure vifiblement fur un des faits qu'il attefte :
ce témoin devient fufpect fur tous les
autres faits , à titre d'homme fans foi &
fans confcience. Il en eft de même de
celui qui fe contredit manifeftement
dans fon témoignage ; puifqu'il eft convaincu par fes contradictions , d'avoir
fous la religion du ferment nié une
verité , ou affirmé un menfonge.

Il faut avoüer néanmoins qu'il arrive quelquefois , que les fauffetez qui
fe trouvent dans la dépofition d'un témoin , font plûtôt l'effet d'une prévention qui l'aveugle , que d'un deffein
formé de bleffer la verité ; mais quelqu'en foit le principe elles doivent faire
rejetter fon témoignage.

VI. REGLE. Des dépofitions contradictoires fe détruifent mutuellement,

des personnes qui se contredisent sur des circonstances dont elles assurent avoir été Témoins, fournissent un juste soupçon, & quelquefois une pleine conviction de la fausseté de leurs témoignages. C'est sur ce principe que le Prophete Daniel prononça un Arrêt de mort contre les deux Vieillards, qui interrogez séparement, se contredirent sur une circonstance du crime, dont ils avoient accusé l'innocente Suzanne.

VII. Regle. On doit en général regarder, ou comme suspect ou comme faux tout ce qui est avancé par les témoins, & que le malade prétendu gueri, ou ne dit pas ou désavouë, lorsqu'il s'agit de faits qui ne-peuvent lui avoir échapé, & qui contribueroient beaucoup à la preuve du miracle. On sçait combien une personne, persuadée qu'elle a été l'objet d'une telle faveur du Ciel, & le sujet d'une opération miraculeuse, est attentive à rappeller toutes les circonstances qui peuvent servir à le persuader aux autres. Il y a donc tout lieu de présumer, que ce qu'elle ne dit pas en faveur du miracle, est très-douteux; & d'assurer que ce qu'elle contredit, est faux & supposé.

VIII. Regle. Un témoin unique ne

peut

peut jamais conftater la verité d'un fait qu'il avance ; & un témoin qui ne parle que fur le rapport d'un autre témoin, ne forme avec lui qu'un feul témoignage. Cette regle reçûë dans tous les Tribunaux , doit avoir particulierement lieu en matiere de miracles , où il eft plus facile & fouvent plus dangereux de prendre le change , qu'en toute autre matiere.

Nous ne parlerons point ici des fentimens & des caracteres de fainteté , qui doivent avoir paru dans un homme pendant fa vie, pour qu'on puiffe attribuer à fes cendres une vertu miraculeufe. Afin d'éviter toute application odieufe, nous ne dirons que ce que l'on pourroit dire , quand même le fieur Pâris auroit été tel, que le Saint Siége pourroit lui décerner un Culte Religieux.

Ainfi nous voulons bien fuppofer que ce Diacre a toujours eû un refpect filial pour les premiers Pafteurs, & une foumiffion entiere à leurs décifions ; que c'eft une calomnie de lui attribuer avec les Auteurs de fa vie, un attachement perfeverant à une doctrine fouvent frappée d'anathême , & un langage conforme à celui des plus furieux Sectaires fur l'état prefent de l'Eglife. Nous voulons bien fuppofer encore, que fes Hiftoriens impofent au Public, lorfqu'ils le reprefentent comme un homme fi fingulier dans fa dévotion, & fi attaché à fon propre fens, qu'en certains tems il n'affiftoit prefque jamais à la célebration des Saints Myfteres ; & que malgré l'avis de fes Directeurs, & les Loix mena-çantes de l'Eglife, il a perfevéré pen-dant deux années dans un éloignement fcandaleux de la fainte Table. C'eft dans cette hypothèfe même, que nous allons montrer que les guérifons mira-culeufes qu'on lui attribuë, & dont il a été informé, font deftituées de toute preuve folide ; loin qu'elles foient prouvées avec évidence, comme les Auteurs des Requêtes le prétendent.

Faußeté des prétendus miracles, dont il a été informé en 1728.

Les Procès verbaux qui vous ont été préfentez, MONSEIGNEUR, par les 23. Curez, font au nombre de cinq. Celui qui regarde Jean Menidrieux, eft abandonné de leur part : ils fe rédui-fent à demander la publication des faits qui concernent Pierre Lero, les De-moifelles Orget, de Laloe & Moffa-ron.

Mais attendu que suivant la déclaration du sieur Thomassin, il a été informé de la guérison du nommé Jean
Nivet, sourd & muet de naissance ; &
que ce fait forme un préjugé contre
tous les autres faits prétendus miraculeux, dont on requiert la publication ;
il doit tenir le premier rang dans la
discussion que nous allons faire.

FAIT concernant Jean Nivet.

Ceux qui font valoir les informations dressées par le sieur Thomassin,
souhaiteroient qu'on ne fît aucune
mention de celle qui regarde la guérison de Jean Nivet. Ni les premieres
Requêtes, ni les Libelles publiez depuis ces Requêtes, n'en parlent jamais.
Le sieur Isoard dans la déclaration qu'il
a faite, a même nié expressément qu'il
y ait eû d'autre information dressée en
1728. que les cinq dont il fait l'énu-
mération, & parmi lesquelles celle dont
nous parlons, ne se trouve pas.

   Cependant le sieur Thomassin a attesté, qu'il remit au Porteur envoyé
par M. le Cardinal de Noailles, l'information qui concerne Jean Nivet. L'Extrait abregé que ce prétendu Commissaire a certifié véritable, rapporte les

Il est certain qu'on a informé sur la guérison de Jean Nivet. Pieces just. p. 12.

Pieces just. p. 13.

Pieces just. p. 2.

noms d'onze témoins qu'il a entendus, & du nombre desquels étoit feu M. le Duc de Châtillon.

Après un témoignage si précis, peut-on douter de la réalité de cette sixiéme information? Pourquoi donc n'est-elle pas jointe à toutes les autres? C'est un mystere que nous dévoilerons, après que nous aurons dit quels moyens on mit en œuvre pour faire autoriser ce faux miracle,

Jean Nivet étoit sourd & muet de naissance; sa guérison ne paroissoit pas pouvoir être un miracle équivoque; & par conséquent rien n'étoit plus propre à accréditer le nouveau culte, que de publier qu'un homme tel que Nivet, avoit été miraculeusement guéri par l'intercession du sieur Pâris. Ceux qui s'interessoient à la gloire de ce Diacre, annoncerent donc le prodige au Public, & entreprirent même de le faire constater par une information juridique.

Pour le succès de l'entreprise, ils prennent de loin de justes mesures. Ils publient de toutes parts que Jean Nivet a recouvré l'usage de l'oüie, & qu'il est en état d'apprendre à parler avec le secours d'un Maître qu'on lui a donné pour l'instruire. Le sieur Sebaſtien Nivet Couſin de Jean, Prêtre & Chapelain de ſaint Pierre de Châtillon ſur Loin, fait ſigner par pluſieurs perſonnes un Certificat en parchemin, pour atteſter que ledit Jean Nivet eſt guéri. Nicolas Nivet frere de Jean, & Valet de chambre de M. le Duc de Châtillon, obtient de ſon Maître qu'il y mette ſon nom & ſon cachet.

Ces faits importans ſont pour la plûpart atteſtez dans une déclaration que pluſieurs Particuliers vous firent, MONSEIGNEUR, après ſerment prêté, le 25. May de l'année 1733.

Piec. juſt. p. 14.

Toutes ces meſures diſpoſoient les témoins à ſervir utilement dans une information. Ceux qui avoient ſigné au parchemin de Nivet, avoient pris par-là des engagemens. Ainſi l'information ayant été commencée, les témoignages ne manquerent point ; & pour relever cette procedure, l'illuſtre Seigneur, déja engagé comme pluſieurs autres par ſa ſignature, & diſpoſé d'ailleurs à croire aux miracles du ſieur Pâris, fit ſa dépoſition.

Il manquoit encore à tout cela une précaution, qui étoit de faire venir Jean Nivet lui-même, & de lui parler & de l'entendre : mais il étoit demeuré fourd & muet ; & en le produifant au milieu du Cercle que formoient le Commiffaire, le Greffier & les témoins, tout auroit été déconcerté. Ainfi l'on prit apparemment le parti de le dif-penfer de paroître ; ou, s'il parut, on fuppofa qu'il entendoit, & qu'il n'a-voit befoin que de quelques leçons pour parler.

Pour réparer cette omiffion, Vous faites venir, MONSEIGNEUR, le 25. May 1733. Jean Nivet accompa-gné de plufieurs de fes parens & amis ; vous lui parlez, vous l'interrogez ; & cet homme qu'on avoit dit guéri, ne parle, ni n'entend. Vous demandez à ceux qui l'accompagnent, fi c'eft-là Jean Nivet : ils répondent que c'eft lui-même, & ils l'atteftent avec fer-ment. Ils affûrent en même tems qu'il eft fourd & muet, & qu'il l'a toujours été fans interruption d'un feul inftant depuis fa naiffance.

Le miracle eft donc faux ; & c'eft en vain que pour obtenir par des neu-vaines réiterées, la guérifon manquée, Nivet Valet de Chambre de M. le Duc de Châtillon, environ dix-huit mois avant la déclaration dont nous venons de parler, avoit logé fon frere près de S. Medard : cette feconde tentative aûffi infructueufe que la premiere, n'avoit pû réparer l'honneur de celui qui avoit conçû & mis au jour l'impofture.

C'eft ce qui a fait ôter Jean Nivet de deffus les rangs, comme peu propre à joüer un rôle dans le fpectacle des guérifons miraculeufes. On a même trouvé à propos de faire évanoüir le Procès verbal qui le concernoit ; &, afin qu'on retrouvât toujours le même nombre de cinq guérifons miraculeufes, annoncées dans le Public comme conftantes par des informations juridiques, on a fubftitué au Procès verbal fouftrait, celui qui regarde Jean Menidrieux. que le fieur Thomaffin dit être imparfait, & dont par cette raifon, ainfi qu'il vous l'a déclaré, MONSEIGNEUR, il n'avoit fait aucune mention dans l'Extrait remis entre les mains de VOTRE GRANDEUR. Sur quoi il eft à obferver, que le fieur Thomaffin dément formellement les vingt-trois Curez, qui affûrent que *l'information* touchant Menidrieux *a été achevée, & pour cela remife avec les quatre autres par le fieur Thomaffin, entre les mains du porteur des ordres de M. le Cardinal de Noailles.*

Par quelle raifon les défenfeurs des

Les 23. Curez démentis par le fieur Thomaf-fin.

Pour-

nouveaux miracles ont-ils donc fup-
primé le Procès verbal qui regarde
Nivet? Eft-ce parce qu'ils ne l'ont pas
crû concluant ? Mais celui de Menidrieux qu'ils y ont fubftitué, ne l'eft
pas non plus, même de leur propre
aveu. Il y a tout lieu de penfer qu'une
raifon toute contraire les a détermi-
nez à la fuppreffion de cette piece. Il
paroît évident que ceux qui ont commis cette infidelité, ont voulu cacher
au Public, qu'il y avoit des miracles
atteftez par un grand nombre de témoins, & publiez comme certains,
qui étoient abfolument faux, & d'une
fauffeté qui n'avoit pû être ignorée de
la plûpart des témoins.

Le motif, dit-on, qui a fait fouftrai-
re cette information, c'eft qu'elle n'é-
toit que commencée, & qu'elle n'étoit
pas parfaite.

Vaine défaite : le fieur Thomaffin
Official Vicegerent a fuppofé qu'elle
étoit parfaite, lorfque dans fa déclaration il l'a jointe à celles de Lero, de
Laloe, Orget & Moffaron, & a affuré
qu'il n'y a pas joint celle de Menidrieux,
parce qu'*elle n'étoit pas parfaite*. Il paroît
par l'extrait des informations qu'il a
lui-même remis, qu'on avoit entendu
onze témoins touchant Nivet, au lieu

qu'on n'en a entendu que dix au sujet de Lero. Où est donc la sincerité de ceux, qui assurent aujourd'hui que l'information concernant Nivet n'a pas été déposée, parce qu'elle n'a été que commencée. Le sieur Thomassin qui a fait l'information, les dément sur ce fait, comme il les a déja démentis sur celui de Menidrieux. Par conséquent l'information touchant Jean Nivet, étoit dans le même dégré de perfection, que celles dont les auteurs des Requêtes ont demandé la publication ; & on n'a eû d'autre raison pour la soustraire, que parce qu'elle faisoit connoître jusqu'où s'étoit porté un zele aveugle, pour faire valoir les prétendus miracles du sieur Pâris.

Aujourd'hui que la supercherie est dévoilée & mise au jour, la vérité rentre dans ses droits. Nous commençons par conclure de la soustraction de cette piece, que dans toute cette affaire on n'a gardé aucune mesure ; qu'on n'a respecté aucune Loi ; & que tout a été jugé permis, pourvû qu'il pût servir au dessein formé par les Partisans du nouveau culte Car enfin personne n'étoit en droit de soustraire aucune de ces informations. Si entre les procès verbaux il y en avoit d'inutiles, ou dans lefquels il parut que les témoins avoient folemnellement attefté le menfonge, c'étoit à M. le Cardinal de Noailles, & à fon fucceffeur après lui, à en juger : mais ces Actes devoient refter joints à tous les autres ; & le motif qui a déterminé au parti de leur fuppreffion, eft précifément pour nous une jufte raifon de nous en plaindre.

La verité tire bien d'autres avantages de la fauffeté du miracle dont nous parlons. Voici les raifonnemens qui en refultent contre tous les miracles du Parti.

La fauffeté du miracle de Jean Nivet doit faire douter de tous les autres attribuez à l'interceffion du fieur Paris.

1°. L'information faite au fujet de Jean Nivet, étoit auffi concluante que toutes les autres ; émanée de la même autorité, elle étoit probablement foutenuë par des témoignages auffi impofans, que ceux dont ces autres informations font compofées. Le même dégré de preuve doit fonder & operer le même jugement. Le fort des cinq miracles doit donc être égal. Si donc les quatre miracles de Lero, Orget, de Laloe & Moffaron font regardez comme veritables, celui de Nivet le doit être de même : fi au contraire ce dernier eft faux, comme il l'eft en effet ? quel jugement doit-on porter des quatre autres ?

2°. Quoique la guérison de Jean Nivet, soit évidemment fausse, puisqu'il est sourd & muet, comme il l'étoit en naissant, il est cependant vrai, que malgré cette fausseté évidente, on l'a annoncée au public comme indubitable. Il est vrai même qu'on a entrepris de la faire verifier par une Enquête, & que ce faux miracle est du nombre de ceux, au sujet desquels', le Sr Isoard, ainsi que l'assurent les 23. Curez, s'étoit convaincu par lui-même, qu'ils étoient *tout à fait dignes de l'attention du premier Pasteur du Diocèse, & d'être juridiquement examinez.* Il est vrai enfin que les auteurs du projet ont trouvé le moyen de fournir aux informations, des preuves assez apparentes de la verité de ce fait notoirement faux.

D'où il suit qu'il n'y a point d'imposture, quelque grossiere qu'elle soit, qu'on n'ait osé hazarder, pour rendre célébre le Diacre de saint Medard ; que parmi les partisans du nouveau culte, non-seulement les simples, mais même les Chefs saisissent avidement comme vrais, des faits constamment faux, & dont la fausseté peut être verifiée avec une extrême facilité : que quoiqu'un Miracle du sieur Pâris, soit évidemment supposé, on trouve néanmoins bon nombre de témoins pour l'attester véritable ; & que par conséquent tout miracle du sieur Pàris peut être de la derniere fausseté , malgré le nombre des témoins qui le certifient.

On doit observer ici que ce qui est arrivé au sujet de Nivet, pouvoit arriver bien plus aisément par rapport à Lero , & aux Demoiselles Orget, de Laloe, & Mossaron. Car enfin le fait de Jean Nivet n'étoit pas susceptible de ces petites apparences arrangées avec art, dont il a été aisé d'orner les quatre autres faits : ainsi il y avoit beaucoup plus de difficulté à faire illusion aux témoins sur ce premier fait, que sur les derniers. Il est même incomprehensible comment onze témoins ont pû se persuader, ou vouloir persuader aux autres , qu'un homme actuellement muet & sourd entendoit , & étoit en état de parler. Mais on comprend sans peine comment des personnes peuvent être induites, ou se porter d'elles-mêmes à regarder comme miraculeuses , certaines guérisons moins communes, quand ces guérisons n'arrivent, ou ne sont publiées qu'à la suite de quelques pratiques de dévotion , solide ou superstitieuse, à laquelle on a eu recours.

Tout ce que nous venons de dire, doit faire comprendre qu'on ne peut être trop circonspect, lorsqu'il s'agit de rendre témoignage en matiere de miracles ; & que, pour prendre Dieu à témoin de la vérité d'un prodige, il faut l'avoir bien vû & bien approfondi. Cette condition remplie, se seroit-il trouvé des témoins en état de certifier les quatre prétendus miracles, dont nous allons faire l'examen ?

FAIT concernant Pierre Lero.

Entre les faits miraculeux que les vingt-trois Curez croyent être prouvez avec tant d'évidence, qu'il n'y manque que votre autorité, MONSEIGNEUR, pour les publier solemnellement aux Peuples, celui de Pierre Lero Marchand Frippier à Paris, tient le premier rang. L'information qui le concerne, est composée de son exposition, & des dépositions du sieur Nicolas Janson Maître Chirurgien à Paris, & de huit autres témoins.

Lero déclare le premier Juin de l'année 1728. qu'à la fin de l'année 1725. il fut attaqué de plusieurs ulceres à la jambe gauche, qui la lui firent tellement enfler, qu'il ne pouvoit se soutenir ; & que, lorſqu'il étoit aſſis, il lui falloit un placet pour la repoſer. Le ſieur Janſon Me. Chirurgien le ſaigna, le purgea, lui donna pluſieurs onguens, cataplaſmes & autres remedes pour appliquer ſur la jambe. Bien loin que ces ſecours operaſſent un bon effet, le mal augmenta de jour en jour juſqu'au mois de Septembre 1727. Le malade alors , par le conſeil du nommé Forget, réſolut de faire une neuvaine, & d'aller au tombeau du ſieur Pâris : il fit ſes efforts pour y aller à pied de la ruë de la Tonnelerie , Paroiſſe ſaint Euſtache où il demeuroit; & il y alla effectivement accompagné de Pierre Morel & d'Edme Garnier ſes Garçons de Boutique : il employa trois heures à en faire le chemin, ne pouvant preſque s'appuyer ſur ſa jambe , & ſe ſoutenant ſur une canne. Après avoir prié près du tombeau du ſieur Pâris, il donna douze ſols à une pauvre femme qu'il ne connoît que de vûë, afin qu'elle priât pour lui au même lieu pendant neuf jours. Etant allé à la Sacriſtie, pour charger le Sacriſtain de lui faire dire une Meſſe , celui-ci lui donna un morceau de la couche du ſieur Pâris. Lero retourna chez lui avec plus de peine qu'il n'étoit allé à ſaint

t Medard ; & arriva si fatigué qu'il ne
connoissoit plus personne. Il appliqua
sur sa jambe malade le bois de la couche que le Sacristain lui avoit donné,
se mit au lit, & s'y tint le reste du
jour. Pendant la neuvaine, les ulceres
se fermoient & se guérissoient, quoiqu'il eût cessé dès le commencement
toutes sortes de remedes ; & au bout
de la neuvaine il se trouva en état de
marcher, comme s'il n'avoit jamais
été incommodé de la jambe. Il ne resta
plus qu'une petite gale à l'un des principaux ulceres. Quelque tems après,
Lero fit dire une seconde Messe, &
faire une seconde neuvaine, dont il
chargea une autre pauvre femme. A la
fin de cette neuvaine, la gale tomba d'elle-même & sans remédes, ensorte qu'il
se trouva parfaitement guéri ; & depuis sa guérison il est allé souvent à
saint Medard, pour en rendre graces
à Dieu.

Quoiqu'on assure avec confiance que
ceux qui jugeront sans passion, seront
forcez de reconnoître dans la réunion de
ses circonstances, une guérison miracu-
leuse qui surpasse infiniment les forces de
la nature ; il est facile de faire voir
que la guérison de Lero, soit qu'on la
considere en elle-même, soit qu'on

faſſe attention à la maniere dont elle a été operée, ne renferme ni réalité, ni apparence de miracle.

La guéri-
ſon de
Lero
n'eſt pas
ſurnatu-
relle en
elle-mê-
me.

Cette guériſon d'abord n'a rien par elle-même, qui ſurpaſſe le pouvoir de la nature. La maladie étoit guériſſa-ble, ou ſans le ſecours, ou avec le ſecours de l'art & des remedes. Jamais le ſieur Janſon Chirurgien ne s'eſt avi-ſé de dire que les maux de la jambe de Lero fuſſent incurables.

Un celebre Médecin conſulté ſur cette guériſon, après avoir examiné toutes les dépoſitions dont l'informa-tion eſt compoſée, a déclaré qu'il n'y avoit dans l'incommodité de Lero rien d'extraordinaire, rien qui caractériſe un mal rebelle aux remedes, un mal dont on ne puiſſe regarder la guériſon, non-ſeulement comme très-naturelle, mais même comme *très-facile, entre les mains d'un Praticien bien entendu, & bien intentionné.*

La gué-
riſon de
Lero
n'eſt pas
ſurnatu-
relle dans
la manie-
re dont
elle a été
operée.

La maniere dont Pierre Lero a été guéri, n'a rien non plus qui ſoit au-deſſus des forces de la nature. Le même Médecin obſerve, qu'en comparant la dépoſition du ſieur Janſon avec celle de Françoiſe Marchand femme de Du-mouchel, il eſt viſible qu'il y a eû dif-férens degrés de diminution dans la maladie de Lero : qu'on peut croire avec fondement, qu'au mois de Septembre 1727. la jambe de Lero étoit presqu'entiérement guérie, puisqu'il fut alors en état d'aller à Grolay. Enfin que depuis ce tems jusqu'à son entiere guérison, c'est à-dire pendant environ trois semaines, il n'est rien arrivé qu'on ne voye dans toutes les guérisons ordinaires de maux tels que le sien. Les ulceres, ainsi que les témoins le déposent, se sont guéris peu à peu ; d'abord ils se sont fermez ; ensuite il s'est formé des gales ; ces gales se sont dessechées ; elles sont tombées les unes après les autres ; enfin il n'est resté que les vestiges & les cicatrices des playes. Qu'y a t-il en tout cela qui présente une guérison miraculeuse, une guérison qui surpasse le pouvoir & l'esperance de la nature ? qui soit contre son cours ordinaire ? *Supra facultatem naturæ, supra spem naturæ, præter naturæ consuetudinem*, comme parle saint Thomas.

Le malade, dira-t-on, ne voyoit plus le sieur Janson Chirurgien, lorsque les ulceres ont commencé à se guérir, & il avoit alors cessé tous les remedes : c'est donc sans aucun secours humain, & par conséquent par une

voye extraordinaire & furnaturelle ,
qu'il a obtenu fa guérifon. De plus le
Chirurgien dépofe qu'il fut fort furpris,
lorfqu'il revit le malade guéri : d'où
naiffoit cette furprife , s'il n'y avoit
rien eu que de commun & d'ordinaire
dans la guérifon ?

Objection frivole. Car en premier
lieu , qui a été affez affidu auprès de
ce malade pendant un mois ou environ , pour pouvoir attefter fûrement
qu'il n'a fait ufage d'aucun remede dans
cet efpace de tems ? En fecond lieu ,
le Medecin déja cité , a fait obferver qu'il eft des cas, où le meilleur de tous les remedes eft de n'en
employer aucun ; & qu'il eft probable
que dans le cas préfent , la ceffation
des remedes a été la caufe naturelle de
la guérifon d'un mal fomenté par leur
multiplication.

Si la furprife du fieur Janfon a été
réelle , elle pouvoit naître de l'ignorance des circonftances qui avoient accompagné la guérifon de Lero : mais
il y a grande apparence qu'elle n'a
été que feinte & fimulée ; puifque
malgré fa furprife , Janfon n'attefte
pas que cette guérifon eût rien de fur-
naturel.

Quand même la dépofition du Chi-

rurgien & celles des principaux témoins
seroient plus favorables qu'elles ne sont
au prétendu miracle qu'on veut établir,
elles ne sçauroient en être un appui
solide.

Car 1°. Quelle créance peut mériter
un Chirurgien, condamné pour crime de faux, à une peine infamante
par une Sentence du Châtelet, que
le Parlement a confirmée ? Son témoignage, depuis que son caractere est
connu par sa condamnation, ne doit-
il pas être rejetté en matiere de miracles, comme il le seroit en matiere civile
ou criminelle ?

2°. Suivant la cinquiéme des Régles
que nous avons établies, des personnes qui dans une déposition juridique
attestent le mensonge, ne méritent aucune créance dans tous les faits qu'elles déposent. Or Lero & les principaux
témoins de l'information qui concerne
sa guérison, attestent une fausseté in-
signe. Ils assurent que les ulceres, dont
ce Marchand étoit affligé, l'avoient
réduit dans un tel état, qu'il ne pouvoit marcher, ou se soutenir sur sa
jambe ; & qu'étant assis, il lui falloit
un placet pour la tenir étenduë.

De peur même qu'on ne croye que
le mal étoit en voye de guérison, ou

avoit un peu diminué, lorſque la neuva*…*
ne commença, (ce qui paroît fort vra*…*
ſemblable), Lero ajoûte que le m*…*
augmentoit *de jour en jour*, depu*…*
qu'il avoir reçû des remedes du ſieu*…*
Janſon. Sa femme confirme la mêm*…*
choſe : *Ayant fait*, dit-elle, *pendan*
plus de dix-huit mois toutes ſortes de re
medes, tant ceux que lui fit faire
ſieur Janſon, que ceux que lui fourn
une femme qui lui donnoit d'une eau
loin d'y trouver du ſoulagement, le ma
augmentoit de maniere qu'on en appre
hendoit les ſuites. Edme Garnier &
Pierre Morel parlent dans le mêm*…*
ſens du progrès de ce mal.

Un pareil expoſé ne conduit-il pa*…*
à croire que la jambe, qui dès le com*…*
mencement de l'accident de Lero, n*…*
lui étoit d'aucun uſage pour le ſoute*…*
nir, étoit encore moins en état de*…*
lui ſervir pour marcher, lorſqu'il en*…*
treprit la neuvaine ? Cependant dans*…*
cette conjončture, & avant que le*…*
prétendu miracle fût commencé, i*…*
alla *à pied* de la ruë de la Tonnelerie*…*
au Cimetiere de ſaint Medard, & re*…*
vint de même à ſa maiſon ; c'eſt-à-dire,
qu'il fit une lieuë & demie à pied,
avec une jambe qui pluſieurs mois auparavant ne pouvoit le ſoutenir, &*…*

dont le mal depuis ce tems-là, à ce
qu'il affure, avoit augmenté de jour
en jour. Il eft vrai qu'il dit avoir employé trois heures à aller, & n'être
revenu qu'avec beaucoup de peine à
fa maifon : mais pouvoit-il en aucune
maniere, faire un fi long chemin,
avec une jambe fort enflée, & fi foible, qu'il s'eft cru permis d'affurer avec
ferment, *qu'il ne pouvoit fe foûtenir* ?

Quelle eft la réponfe à cette objection ? On affure que la circonftance
du voyage de Lero à faint Medard,
*ne fert qu'à rendre plus évident le mira-
cle de la guérifon operée peu de jours
après.* Mais explique-t-on comment
un homme *qui ne pouvoit fe foûtenir,*
alla à pied de la ruë de la Tonnelerie
à faint Medard ? on n'ofe toucher à
cette contradiction fur laquelle l'objection porte, on la diffimule adroite-
ment ; &, quoiqu'il foit vifible qu'on
en eft accablé, on feint d'avoir diffipé
l'objection. C'eft à cette contradiction
que nous devons ramener les défenfeurs
du miracle.

Il ne fera peut-être pas inutile d'obferver qu'à s'en tenir à la déclaration
du malade, c'eft à la vertu de deux
neuvaines qu'on doit attribuer fa gué-

...rison. *De jour en jour pendant la neu-*
vaine, lui dépofant fe fentit, dit-il, foi
lagé..... & à la fin de la neuvaine,
fe trouva en état de marcher, comme
s'il n'avoit jamais été incommodé.....
ne reftant plus qu'une petite gale, qui
à la fin de la feconde neuvaine tomba
d'elle-même. Mais quelle certitude a-
t-on que l'une & l'autre neuvaines ayent
été faites ? Quelle eft la preuve que
ces pauvres femmes, à qui il avoit
donné la commiffion de les faire
s'en foient acquittées ? L'ont-elles du
moins informé de leur exactitude ? I
ne paroît pas qu'il les ait revûes depuis ce tems-là. Peut-on bâtir un miracle fur des fondemens plus rui-
neux ?

La conduite que tint Lero après fa
guérifon, rend fenfible en quelque façon, la fauffeté du miracle qu'il a
attefté. Si après la premiere neuvaine l
étoit bien perfuadé que c'étoit par l'interceffion du fieur Pâris, qu'il avoit
été prefque entiérement guéri de fes
maux, n'étoit-il pas naturel qu'il cou-
rût à faint Medard, pour rendre des
actions de graces à fon Bienfaiteur ?
Cependant quoique, felon fon propre
témoignage, il fût dès-lors en état
de marcher, comme fi jamais il n'a-

roit été incommodé de la jambe , il ne retourne point encore au tombeau du sieur Pâris ; il semble insensible au bienfait reçû ; & sa reconnoissance ne s'éveille , que lorsque la petite gale qui avoit résisté à la premiere neuvaine , est entiérement tombée. Cette indifférence ne fait-elle pas comprendre que Lero n'étoit pas persuadé du miracle ?

En voilà assez sans doute , pour convaincre toute personne équitable , qu'il n'y a ici nulle apparence de miracle ; loin que le miracle y soit évident , comme les sieurs Curez ne craignent pas de l'avancer : & que s'ils avoient moins écouté leurs préjugez que la raison , ils auroient supprimé le fait de Lero , ou l'auroient mis au même rang que celui de Menidrieux.

FAIT concernant Marie-Jeanne Orget.

Voici le précis de ce que dépose Marie-Jeanne Orget, Maîtresse Couturiere à Paris. Il y avoit trente ans , lors de sa déposition qui est du 28. Juin 1728. qu'elle avoit été attaquée à la jambe droite d'une Eresipele accompagnée de fievres violentes. Dès

le commencement de ce mal , le ſieur
Vergne Medecin la faiſoit ſaigner ſix
fois en deux ou trois jours. Au bout
de dix à douze ans , cette Ereſipelle
ſe plaça de telle ſorte, que la pudeur
empêcha la Demoiſelle Orget de faire
viſiter ſon mal par aucun Médecin ou
Chirurgien. Elle conſulta néanmoins le
ſieur Vergne , & le ſieur de la Borne
Chirurgien ; l'un & l'autre lui dirent
que cette maladie étoit incurable. Vers
le quinziéme d'Août 1715. elle alla
avec beaucoup de peine chercher de
l'ouvrage aux Filles de la Croix ſaint
Gervais : on lui donna un paquet d'é-
toffe qu'elle entreprit de porter dans
ſon tablier. L'effort qu'elle fit pour
ſoûtenir le paquet lui cauſa une nouvelle incommodité ſi fâcheuſe & ſi vio-
lente , qu'elle fut près d'une heure &
demie à revenir des Filles de la Croix
dans l'Iſle de S. Loüis où elle demeuroit. La nommée Poſſeval femme d'un
Menuiſier , lui indiqua une Sage-femme pour la viſiter : celle-ci , dont le
nom n'eſt pas revenu à la dépoſante ,
lui dit que ſon mal étoit preſque incurable ; à moins que quelques remedes qu'elle lui indiqua , ne la gué-
riſſent dans peu ; mais les remedes in-
diquez ne la guérirent point. Le 29.
Mars

Mars 1728. la malade après avoir fait ses Pâques, alla accompagnée de ses Apprentisses, prier sur le tombeau du sieur Pâris, pour obtenir par son intercession la patience & la soûmission à la volonté de Dieu. Ayant été près d'une heure en prieres, elle se sentit tout d'un coup soulagée de son infirmité; elle s'en retourna sans douleurs, & sans avoir besoin que ses Apprentisses lui donnassent le bras, comme elles l'avoient fait en y allant. Elle ne voulut presque pas croire sa guérison; elle ne la regarda même que comme un soulagement passager; ce qui l'empêcha pendant près d'un mois d'en parler, même à ses Apprentisses, qui fort surprises de la voir marcher & agir avec facilité, n'osoient pourtant lui en rien dire. Etant allée à confesse le premier de Mai de la même année, le sieur Prevôt son Confesseur depuis trente-cinq ans, lui ordonna de publier sa guérison, & d'en rendre graces à Dieu. Depuis ce tems-là elle se trouve entiérement guérie : ce qu'elle ne peut attribuer qu'à l'intercession du feu sieur Pâris.

Il est à propos d'ajoûter ici qu'en 1731. le neuviéme d'Août, la Demoiselle Orget fit une déclaration parde-

D

vant Notaire, qui porte *qu'ayant été affligée d'une Eresipele pendant vingt années, & d'une autre maladie pendant treize ans.... le 29. Mars 1728. ses maladies subsistant toujours, elle fut en dévotion en l'Eglise de saint Medard... où étant, elle se mit en prieres devant le S. Sacrement environ l'espace d'une heure. Qu'ensuite elle se transporta sur la tombe de M. Pâris... qu'aussi-tôt elle sentit des douleurs extraordinaires; & un moment après elle n'en sentit plus, & se trouva si parfaitement guérie... que depuis ce jour-là, elle n'a eû aucun ressentiment des maladies, dont elle étoit auparavant affligée.*

Cette Fille *déclare en outre qu'étant tombée dangereusement malade, la Semaine Sainte de la présente année, d'une fluxion de poitrine, qui l'a depuis réduite dans des foiblesses qui lui prennent de tems à autre, elle a fait venir pour la soulager Marie Fromentin sa cousine, qui demeure ordinairement à Noyon, & qui a resté auprès d'elle l'espace de trois mois, durant lesquels elle a vivement pressé la Demoiselle Orget de déclarer, qu'elle ne croit pas que ce fût par l'intercession de M. Pâris, qu'elle a été guérie; & craignant ladite Demoiselle Orget que ladite Fromentin sa cousine, n'ait*

*abusé des foiblesses d'esprit que la vio-
lence de sa maladie a pû causer, pour
lui faire faire des déclarations, soit par
écrit ou verbalement en présence de quelqu'un, contraires à celles portées par le
présent Acte, elle proteste de nullité de
toutes déclarations qu'elle pourroit avoir
faites, ou qu'on pourroit lui faire faire
dans la suite dans l'accablement de sa
maladie, contraires à la présente déclaration qui contient vérité, ainsi qu'elle
l'affirme en son ame & conscience, ré-
voquant toutes les autres déclarations.*

Dans une addition faite au Recuëil
des informations imprimées, où cet
Acte est inseré, l'Auteur rapporte certaines particularitez qui nous paroissent
mériter d'être observées. Il nous apprend que la Demoiselle Orget, qu'il
suppose avoir été guérie le 29 Mars
1728 de la double infirmité dont elle
étoit atteinte, tomba malade le 22.
Mars de l'année 1731. d'une fluxion
de poitrine, qui jointe à une hydro-
pisie de poitrine, termina sa vie le onziéme Novembre de la même année.
Il ajoûte, qu'elle fit la déclaration dont
il s'agit, *parce qu'il y avoit apparence,* que pressée par les instances d'u-
ne de ses parentes, *dans quelques momens d'affoiblissement, où la violence de*

*Recuëil
des mi ra-
racles,
pag. 52.*

Pag 53.

D ij

*la maladie ne lui laißoit pas le libre usa-
ge de son esprit & de ses sens, on lui
avoit arraché quelques paroles contraires à ses vrais sentimens, & à ses dispositions véritables sur ce point ; & que
c'est peut-être à cette legere infidelité qu'il
faut attribuer le sentiment passager,
qu'elle eut de son ancienne maladie pendant le cours d'environ trois semaines.* Enfin il raconte *que pour se dérober à toute*

Pag. 54.

*suggestion maligne & importune des per-
sonnes mal intentionnées, qui ne paroiſ-
sent occupées qu'à obscurcir les marques
que Dieu donne de sa puissance au tombeau & à l'intercession de M. Pâris, &
se procurer en même tems un libre usage
des Sacremens, elle se rendit aux sollici-
tations obligeantes de quelques amis, qui
la preſſoient depuis long-tems de se reti-
rer à l'Hôpital, où elle a été mise dans
une chambre à part, & où rien de tout
ce qui étoit nécessaire, ne lui a manqué
pendant tout le cours de sa derniere maladie.*

Malgré les déclarations réïterées de
la Demoiselle Orget, & les dépositions
de douze témoins, au nombre deſ-
quels sont les sieurs Vergne Médecin,
& de la Borne Chirurgien, nous mon-
trerons que le prétendu miracle dont
il s'agit, est destitué de toute preuve ;

& qu'il faut être livré à la plus étonnante prévention, pour aſſurer, comme on oſe le faire, *qu'il n'y a qu'un aveuglement prodigieux, qui puiſſe ſe refuſer à l'évidence d'un miracle ſi éclatant.*

Par la quatriéme Régle que nous avons établie, ou par une ſuite de cette Régle, pour la preuve d'une guériſon miraculeuſe attribuée au pouvoir d'un Saint, ou d'un homme mort en réputation de ſainteté, il faut que deux choſes ſoient conſtantes : la premiere, que la maladie a perſeveré juſqu'au moment qu'on a eu recours à une telle protection ; la ſeconde, que la guériſon a ſuivi de près ce recours.

Aucun de ces deux objets n'eſt conſtaté par l'information faite au ſujet de Marie-Jeanne Orget. Tous les témoins qui parlent de ſa maladie & de ſa guériſon, le Médecin même & le Chirurgien, n'en parlent que ſur le témoignage de cette fille : * aucun d'eux n'avoit jamais vû l'éréſipele, ni l'autre maladie, à l'exception peut-être de la veuve Poſſeval, qui, dix ans avant ſa dépoſition, & dans les deux premieres années de l'accident ſurvenu à la

---

* *Nota.* Les Curez obſervent que Marie - Jeanne Blondel a ſouvent aidé ſa Maîtreſſe à uſer des remedes preſcrits pour la ſeconde infirmité, mais elle pouvoit aiſément le faire, ſans voir cette infirmité.

D iij

Demoiselle Orget, lui avoit donné quelques secours nécessaires en une telle infirmité : aucun d'eux non plus, sans excepter la veuve Posseval, n'avoit vérifié par lui-même, ni après la priere faite à saint Medard, ni au tems de l'information, si la Demoiselle Orget étoit guérie.

Ainsi tous les témoins ne parlant que sur la parole de la Demoiselle Orget, tous les témoignages se réduisent à un seul, & ne sçauroient par conséquent, suivant le huitiéme principe que nous avons établi ci-devant, former une preuve entiere du prétendu miracle dont nous parlons.

On nous objectera peut-être que plusieurs personnes qui avoient été témoins de la difficulté avec laquelle Marie-Jeanne Orget alla à saint Medard le 29. Mars 1728. & du besoin qu'elle eut de se faire soûtenir sous le bras, la virent retourner chez elle sans peine & sans soûtien.

Mais, 1°. parmi les personnes qui ont été entenduës dans l'information, il n'y a que Marie-Jeanne Blondel, qui puisse avoir été témoin oculaire de ces circonstances, puisqu'entre toutes celles qui avoient accompagné la Demoiselle Orget le jour de Pâques,

Blondel est la seule qui ait déposé ; sans qu'on puisse comprendre pourquoi les autres apprentisses qui étoient avec elle , n'ont point été citées & entenduës. Or quoique Marie-Jeanne Blondel ait observé dans sa déposition , que sa maîtresse en allant à saint Medard , avoit eu besoin qu'on la soûtînt sous le bras , elle ne dit point que la malade se soit passée de ce secours , lorsqu'elle en revint ; circonstance pourtant qu'elle n'auroit pas apparemment omise , si elle l'avoit pû attester avec vérité.

2°. La Demoiselle Orget ne pouvoit-elle pas , en allant au tombeau du sieur Pâris , feindre un mal qu'elle n'avoit plus ? ne pouvoit-elle pas en revenant , faire un effort pour paroître délivrée d'un mal qu'elle avoit encore ? Les Défenseurs des quatre miracles diront peut-être , que nous portons nos doutes trop loin : mais quand il s'agit d'examiner juridiquement des miracles, il faut qu'une sage défiance nous tienne en garde contre l'illusion & la surprise. Du moins doivent-ils convenir que le miracle porte tout entier sur la parole & la sincerité de la Demoiselle Orget , & que cette fille est , à proprement parler , le seul témoin de ses maladies & de ſa guériſon. Témoin au reſte dont la dépoſition, comme on va le voir, n'eſt d'aucun poids.

Trois moyens vont juſtifier ce Jugement. Le premier eſt fondé ſur les caracteres de ſuppoſition, qu'on apperçoit dans ce qui fait le principal objet de ſa dépoſition. Le ſecond ſur les contradictions, où elle eſt tombée dans les differentes déclarations qu'elle a faites. Le troiſiéme ſur les aveux que fait l'Auteur du Recuëil des informations imprimé.

L'hiſtoire de ſa guériſon préſente des caracteres très-ſenſibles de ſuppoſition. Le 29. Mars 1728. ſes maladies ſubſiſtant toujours, elle va, ſelon ce qu'elle raconte, prier ſur le tombeau du ſieur Pâris : là elle reſſent d'abord des douleurs extraordinaires avec un grand mouvement dans tout ſon corps, & un moment après elle ne reſſent plus aucun mal; elle ſe trouve ſi parfaitement guérie, qu'au lieu qu'on l'avoit traînée, pour ainſi dire, à ſaint Medard, elle eſt en état de s'en retourner à ſa maiſon ſans aucun ſecours; & que les jours ſuivans on la voit agir & marcher, comme ſi elle n'avoit jamais eu aucune incommodité.

Cependant aucune de ſes apprentisses , qui , après avoir été témoins , suivant elle , de la peine avec laquelle elle étoit allée à S. Médard, la voyent se lever avec facilité d'auprès de la tombe, & s'en retourner légerement à sa maison, ne s'avise de lui demander si elle est guérie ; toutes gardent le silence , & n'osent l'interroger sur la cause d'un changement si subit : un mois se passe sans qu'elles lui témoignent, ni leur joye , ni leur surprise. Pendant tout ce temps, la Maîtresse n'est pas moins reservée que ses Apprentisses : non-seulement elle ne leur dit rien de ce qui lui est arrivé, elle n'en fait même part ni à son Médecin, ni à son Chirurgien, ni à son Directeur, ni à aucune autre personne. Que l'on parle ici de bonne foi : s'il est vrai qu'elle ne soit allée à S. Medard qu'avec une difficulté extrême , & que depuis sa priere -faite au tombeau du sieur Pâris , elle ait marché & agi sans difficulté. Est-il vraisemblable que les Apprentisses ayent poussé la discrétion si loin, & que la Demoiselle Orget ait gardé si long-tems le secret sur un évenement , que les principes dont elle étoit prévenue,*

* Elle avoit entretenu des liaisons avec Port-Royal des Champs , tant que cette maison a subsisté. *Rec. des miracl.* p 54.

l'excitoient à publier fur les toits ?

La malade, dira-t-on, ignoroit qu'elle fût guerie. Mais c'eft ce qui eft encore plus incroyable, fuppofé que la guérifon ait été réelle. Quoi ! cette fille eft guérie de deux maladies confidérables, & elle n'en fçait rien ? elle croit que fa guérifon n'eft qu'un foulagement paffager ? elle perfifte dans cette idée pendant un mois entier, quoiqu'elle ne reffente plus de douleur, quoiqu'elle marche & qu'elle agiffe avec la même liberté, que toute perfonne qui joüit d'une fanté parfaite ? quel tiffu de circonftances mal afforties ! Comment ne pas foupçonner la verité du témoinage qui les renferme ?

2°. Parce qu'elle fe contredit dans fes déclarations. Le fecond moyen qui infirme ce témoignage, c'eft qu'en comparant ce que la Dlle. Orget dit dans fes deux déclarations, il eft impoffible de la concilier avec elle-même. Par la premiere déclaration, fon érefipele avoit duré trente ans ; & par la feconde elle n'en a duré que vingt. Par la premiere, elle demeura une heure à prier fur le tombeau du fieur Pâris ; par la feconde, la priere d'une heure fut faite devant le faint Sacrement. Par la premiere, elle ne reffentit le bienfait du Ciel, qu'une heure après qu'elle eut demeuré à ge-

noux auprès du tombeau ; par la feconde , lorfqu'elle fe fut tranfportée auprès du tombeau, & qu'elle eut adreffé
à Dieu fa priere , auffi-tôt elle fentit
des douleurs extraordinaires , & un
moment après elle n'en fentit plus.
Si les Sieurs Curez ne s'étoient pas
fait illufion à eux-mêmes, ils n'auroient pas avancé avec tant d'affuran-
ce , qu'il n'y a point de contradic-
tions dans les deux Actes de cette fille ,
& que l'un n'eft que l'*abregé* de l'autre.

Mais pour juftifier de plus en plus,
qu'il n'y a aucun fonds à faire fur la
parole de cette fille , montrons-en la
preuve dans l'Auteur même, qui nous
a donné le Recuëil des informations
imprimé : peut-être que ce dernier
moyen convaincra les plus obftinez.

3°. Parce que , fe-lon l'Au-teur du Recuëil , elle a ré-tracté fon premier témoi-gnage.

1°. Cet Auteur nous apprend dans
une addition qui commence à la page
52. de fon Recuëil, que la Demoifelle
Orget étant tombée malade en 1731.
il y a apparence qu'on lui a alors *arra-*
ché quelques paroles contraires à fes vé-
ritables fentimens ; c'eft-à-dire , qu'elle
a rétracté fa dépofition faite en 1728.
Cet aveu que l'Auteur tâche d'affoi-
blir, dans le tems même qu'il fe fent
forcé de le faire , montre que cette
fille n'a pas toujours perfifté à foute-

nir, qu'elle avoit été miraculeuſement guérie.

En vain, pour prévenir les conſéquences de cette rétractation, la repreſente t-il comme arrachée dans un tems, où la violence de la maladie ne laiſſoit pas à la malade le libre uſage de ſon eſprit & de ſes ſens. Après avoir donné cette réponſe, il la détruit auſſi-tôt, en ajoutant que *c'eſt peutêtre à cette legere infidelité, qu'il faut attribuer le ſentiment paſſager* qu'eut la Demoiſelle Orget, *de ſon ancienne maladie, pendant le cours d'environ trois ſemaines.* Dieu ne punit point une action faite ſans liberté. Ainſi, s'il a puni la Demoiſelle Orget, pour avoir rétraĉté ce qu'elle avoit dépoſé en 1728 il s'enſuit que, lorſqu'elle fit cette rétraĉtation, elle joüiſſoit du libre uſage de ſon eſprit & de ſes ſens.

Nous ferions bien mieux fondez à ſoutenir, que c'eſt dans un tems d'affoibliſſement, qu'on a extorqué à cette fille la déclaration que l'Auteur du Recuëil a renduë publique. Peut-on même penſer autrement, lorſqu'on voit cet Auteur avoüer en termes clairs, quoique meſurez & ménagez avec art, qu'on craignoit que par une nouvelle rétraĉtaticn, elle n'anéantît l'acte fait pardevant Notaires ; & que dans cette crainte on la fit confentir d'être conduite à l'Hôpital , où elle a été mife dans une chambre à part , inacceffible à tous ceux qui auroient pû lui rappeller fes anciens fcrupules ?

Remarquons que c'eft le 9. d'Août 1731. que la Demoifelle Orget fait l'Acte dont il s'agit ; après quoi on la follicite , & on la détermine à entrer à l'Hôpital , où on lui ôte tout commerce : que deux jours après cet Acte, c'eft-à-dire , le 11. d'Août , le P. Fouquet va dépofer les informations chez Savigny ; & que le 13. du même mois les vingt-trois Curez les prefentent à leur Archevêque avec une Requête qu'ils répandent auffi-tôt dans le Public.

Qui ne fent que cet Acte eft l'effet du même projet , qui a operé le dépôt & la publication des informations ; & qu'il a eû pour but de parer à l'inconvenient qui étoit à craindre , fi l'on venoit à fe fervir de la rétractation de cette fille , pour infirmer l'information qui la concerne : Qui ne fent encore que les Zélateurs du culte du Sr. Pâris , allarmez des doutes & des inquietudes dont la Demoifelle Orget avoit paru agitée , l'obfedent & l'enferment, pour en prévenir les suites? Tout cela nous permet-il de balancer à dire, que cet Acte ne doit être mis que sur le compte de ceux, qui ont formé le projet dont il fait partie?

Si malgré ces raisons, l'on persiste à soutenir, que cet Acte n'a point été extorqué, il faudra nécessairement convenir que cette fille, en y souscrivant, s'est rendue coupable de parjure; & que par conséquent cet Acte porte avec soi un caractere de réprobation. Elle y *affirme en son ame & conscience*, que depuis le 29. de Mars 1728. jusqu'au 9. d'Août 1731. *elle n'a eû aucun ressentiment des maladies dont elle étoit auparavant affligée.* Cependant l'Auteur du Recuëil est obligé de convenir que depuis sa prétenduë guérison, *elle a eu pendant le cours d'environ trois semaines, un sentiment de son ancienne maladie.* Elle affirme donc en son ame & conscience, un fait certainement faux de l'aveu de cet Auteur. Et néanmoins, quoiqu'il prétende que cette seconde déclaration a été faite avec une pleine connoissance, il ose nous la donner comme un *monument de la pieté* de celle qui l'a souscrite. Il n'appartient qu'aux Partisans du nouveau culte de consacrer ainsi l'irreligion, & d'ériger en monument de pieté un Acte, où le sceau du serment a été employé pour confirmer un mensonge.

La rétractation qu'a faite la Demoiselle Orget de sa premiere déposition, a paru aux vingt-trois Curez si fatale au prétendu miracle, qu'ils se sont efforcez de la rendre douteuse. Il est vrai, comme ils l'observent, que l'Auteur de l'Addition ne dit point *positivement* qu'elle ait été faite : mais il l'insinue bien clairement ; & n'est-ce pas assez de la part d'un homme si interessé à le taire, & même à le nier ? Ils ajoutent qu'ils n'ont *aucune connoissance de ce que dit l'Auteur de cette Addition ; & que ne voyant point* la rétractation dont cet Auteur parle, *ils sont en droit de rejetter tout ce* qu'on en publie. Ces Curez se trompent : cette rétractation a été le véritable objet, & l'unique motif de l'Acte fait pardevant Notaires : l'Acte même le fait clairement entendre. Il n'est donc pas douteux que cette rétractation n'ait été faite ; & il n'y a nulle raison d'entrer dans la défiance que les Sieurs Curez voudroient inspirer contre l'Auteur de l'Addition. Quelle apparence que cet Ecrivain ait inventé

Vains efforts des 23. Curez pour éluder la rétractation de la Dlle Orget.

un fait ſi contraire à l'interêt de ſa cauſe ?

Tout concourt donc à détruire le témoignage de la Demoiſelle Orget, unique appui du miracle qu'on veut établir.

Autres preuves conꞇre le prétendu miracle. 1°. La malade s'eſt ſervie de remedes capables de la guérir. Nous ne devons pas néanmoins négliger deux autres moyens, qui démontrent l'incertitude & la fauſſeté de ce prétendu prodige. Le premier eſt tiré de la nature des ſecours que la Demoiſelle Orget a reçû dans ſa maladie : le ſecond de l'inſtabilité de ſa guériſon.

Un ſçavant Médecin qui a examiné avec ſoin l'information concernant cette fille, a obſervé qu'elle a employé des remedes, & a fait uſage de certains moyens, capables de la mettre en état de marcher & d'agir, comme ſi elle n'avoit eu aucune incommodité.

En effet, le ſieur de la Borne l'avoit ſouvent ſaignée, & lui avoit indiqué une eau pour ſon Ereſipele. Après différens moyens dont elle uſa, pour empêcher le progrès de la maladie qu'une indiſcretion lui avoit cauſée, & qui apparemment eurent quelque ſuccès ; il lui en conſeilla un d'une utilité ſinguliere. Ce Chirurgien ne dit pas ſi elle en fit uſage ; mais Françoiſe la Biche, une

des anciennes Apprentiſſes de la Demoiſelle Orget , dépoſe qu’elle le lui
procura , & qu’elle croit que ſa Maîtreſſe s’en ſervit. C’eſt un fait que la
Demoiſelle Orget n’auroit pas dû diſſi-
muler : car avec un tel ſecours , elle
pouvoit, ſuivant le ſentiment du Médecin conſulté , avoir été, ou entierement guérie , ou du moins ſoulagée ,
& miſe en état d’agir ſans aucune incommodité ; comme il eſt arrivé à d’autres plus incommodées qu’elle , & dont
l’infirmité étoit devenuë complete, énorme , invétérée. Sur quoi le Médecin
renvoye aux obſervations de Moriceau *
imprimées en l’année 1691. & réim-
primées pluſieurs fois. Il eſt donc fort
probable que le ſoulagement qu’éprouva la Demoiſelle Orget en 1728. fut
l’effet naturel des moyens auſquels elle
avoit eu recours.

L’inſtabilité de ſa guériſon en eſt une
autre preuve bien ſenſible. L’Auteur
de l’Addition, cité déja pluſieurs fois,
nous apprend que cette fille n’a pas
ſurvêcu long-tems à ſa guériſon : que
dans le peu d’années qu’elle a vêcu de-

2°. Sa
guériſon
n’a point
été ſtable.

---

* Moriceau rapporte l’hiſtoire de deux filles , dont l’une
par un tel ſecours , fut délivrée d’une incommodité de la
même nature , mais beaucoup plus fâcheuſe que celle de
la Dlle Orget; l’autre par le même moyen fut tellement
ſoulagée , qu’elle ne ſentoit plus aucune incommodité.

puis, elle a été affligée d'infirmitez longues & fâcheuses , & qu'elle a eu pendant le cours d'environ trois semaines , un ressentiment *de son ancienne maladie.* Ces aveux font comprendre que la malade n'a jamais été radicalement guérie, & par conséquent, que sa guérison n'est, suivant la seconde regle expliquée ci-devant , qu'une ombre & qu'un fantôme de miracle.

Est-il rien de plus méprisable & de plus pueril , que de prétendre que ce ressentiment qu'eut la Demoiselle Orget de ses anciens maux en 1731 fut un nouveau miracle,& une punition divine de l'infidelité, qui lui avoit fait désavoüer le bienfait du Ciel ? ? S'il est permis , pour donner du crédit aux prodiges qu'on publie chaque jour, d'en inventer ainsi de nouveaux ; & de les multiplier selon le besoin ; d'imaginer des miracles de punition , pour couvrir par-là les rechutes des malades , & leurs variations : l'audace des inventeurs de miracles , n'aura plus ni de borne ni de frein ; & ils ne manqueront jamais de défaite, pour éluder les réfutations les plus évidentes.

Au reste , il faut que l'Auteur de l'Addition ait apperçû dans le retour des anciens maux de la Demoiselle

Orget , un argument bien preſſant contre la prétention , qu'elle avoit été miraculeuſement guérie , puiſque pour prévenir & éluder cet argument , il va imaginer qu'un miracle de punition a détruit un miracle de faveur qu'elle avoit obtenu. C'eſt ainſi qu'au défaut de ſolides raiſons , on a recours pour défendre les prétendus miracles du ſieur Pâris , aux défaites & aux fictions les plus vaines.

Concluons de tout cela que ce pro-dige, qu'on a annoncé comme *éclatant,* doit être rejetté comme inſoutenable & ſuppoſé.

FAIT *concernant la Demoiſelle de Laloe*

Eliſabeth de Laloe âgée de vingt-cinq ans ou environ , dépoſe en ſub-ſtance le premier Juillet 1728. que dix-huit mois auparavant elle reçut un coup au ſein ſur le Pontneuf ; qu'elle y mit ſur le champ de l'eau de vie de lavande , & fut près de deux mois ſans appeller de Chirurgien ; que le mal étant augmenté , elle appella le ſieur le Vaſleur Maître Chirurgien, qui la fit ſaigner , & lui ordonna des cataplaſ-mes ; que malgré ces remedes le mal

augmenta de jour en jour , & que le
sein devint si prodigieusement gros ,
que l'enflure gagna le bras & le cou ;
qu'elle eut alors recours à l'Apoticaire
des Feüillans de la ruë saint Honoré ,
qui lui donna d'un beaume , & lui fit
prendre d'autres remedes , tels que la
poudre des Chartreux , qui appaiserent
un peu la douleur, mais qui ne purent,
ni dissiper, ni diminuer l'enflure; qu'elle
fit aussi appeller le sieur Chachignon
Apoticaire & plusieurs autres personnes ; que tous les Chirurgiens lui disant
qu'elle ne pouvoit guérir sans l'amputation de la partie, elle n'en voulut plus
voir aucun, ni faire même aucuns remedes ; qu'elle cessa d'en user à la fin
du mois d'Août 1727. que le mal faisant du progrès , deux personnes de
ses amies, sçavoir la Dame d'Aubigné,
& la Dame Ghénard, l'exhortérent à
avoir recours à l'intercession du sieur
Pâris ; & que le premier Dimanche de
l'Avent de l'année 1727. la Dame Ghénard lui donna un petit sachet, dans lequel étoit un morceau du bois de la cou-
chette,& un morceau de laine du matelas
sur lequel étoit mort le sieur Pâris ;
qu'elle déposante emporta le sachet
chez elle, & l'appliqua le soir sur son
sein à l'endroit malade ; qu'elle souf-

frit des douleurs prodigieuses pendant la nuit du Dimanche au Lundi, & le Lundi toute la matinée ; qu'ayant visité dans cette matinée son sein en presence de sa servante, elle le trouva beaucoup plus gros qu'auparavant ; mais que l'après midi elle n'y sentit plus aucun mal, ce qui lui donna la curiosité de l'examiner le soir en presence des Dames d'Aubigné, Ghénard & Alain, qui demeurent dans la Communauté de l'Union Chrétienne, & qui furent fort surprises de trouver le mal entierement guéri, sans qu'il restât ni dureté ni enflure? qu'elle déposante en fut si frappée, & en eut tant de joye, qu'elle pensa tomber évanoüie ; que depuis ce tems-là elle n'a plus senti aucun mal, ce qu'elle attribuë à l'intercession du sieur Pâris.

Voilà, MONSEIGNEUR, ce que la Demoiselle de Laloe raconte, & c'est principalement sur son témoignage que l'on fonde le miracle, qu'on prétend avoir été operé en sa faveur. Nous allons démontrer : 1º. Que l'information ne presente aucune preuve solide que la guérison de cette fille ait été surnaturelle, ou en elle-même, ou dans la maniere dont elle a été operée. 2º. Que le prétendu prodige operé en sa perſonne, n'eſt qu'une fiction deſtinée à ſervir de voile à un miſtere qu'elle vouloit cacher.

Nous l'avons déja dit, & c'eſt un principe conſtant, que pour une guériſon ſurnaturelle en elle-même, il faut que la maladie ſoit naturellement incurable. Or il eſt faux que la maladie de la Dlle. de Laloe fût de ce genre. La Dlle. Hanot qui dépoſe en faveur du miracle, & ne penſe qu'à l'aſſurer, ſe contente de dire, qu'on regardoit ce mal *comme preſqu'incurable*. L'Apoticaire des Feuillans, loin d'atteſter qu'il n'y eût point de remedes pour la guériſon de la malade, déclare qu'il l'exhorta *à voir des gens capables de la guérir*. Le ſieur Chachignon rapporte, qu'il lui conſeilla l'uſage des Fondans & l'application des Anodins ; ce qui ſuppoſe qu'il croyoit que ces remedes pouvoient lui être ſalutaires. Pour le ſieur le Vaſſeur, ſa dépoſition ne fait point entendre, qu'il eût jamais déſeſperé de la guériſon, & ſa conduite eſt une preuve qu'il avoit eſperé d'y réüſſir. Nous ſçavons qu'il traita la maladie *de diſpoſition de cancer*. Mais une ſimple diſpoſition au cancer, eſt-ce un mal ſupérieur à tous les remedes humains ! Des Maîtres de l'art ont aſſuré qu'un can-

…er même qui n'a point sa source dans
la qualité du sang & de la lymphe,
mais qui vient de quelque accident, tel
que le coup que la Demoiselle de Laloe disoit avoir reçû sur le Pontneuf, n'est pas un mal incurable.

D'ailleurs, & c'est la remarque d'un
habile Médecin qui a été consulté,
quoique le Vasseur ayant trouvé le sein
droit de la Demoiselle de Laloe exceder
en grosseur la moitié du naturel, avec
dureté dans toute son étenduë, ait pû dire
avec raison que toutes les glandes du sein
étoient abreuvées ; sur cela seul, & sans
autres signes, il ne pouvoit caracteriser
le mal de disposition de cancer, que comme
on pourroit caracteriser de même le moin-
dre accident arrivé à cette partie.

A la verité, la Demoiselle de Laloe
atteste qu'outre le sieur le Vasseur,
l'Apoticaire des Feüillans & le sieur
Chachignon Apoticaire, elle consul-
ta plusieurs autres personnes, & que
tous les Chirurgiens lui disoient, qu'elle ne pouvoit guérir sans l'amputation de la partie. Mais, si ce qu'elle
dépose est véritable, pourquoi ne nom-
me-t'elle pas ces autres personnes qu'elle avoit consultées, & sur-tout ces Chirurgiens qui avoient prononcé qu'il
falloit lui amputer le sein ? Rien n'au-

roit été plus favorable au miracle, que la dépofition de tels témoins, juges naturels de l'excès de la maladie. Cette omiffion fait fentir, ou qu'elle n'a confulté que le fieur le Vaffeur; ou que s'il en a confulté d'autres, elle a voulu ôter tout moyen de les entendre en témoignage, dans la crainte qu'ils ne la démentiffent fur un point fi effentiel.

Ce qui prouve fans replique la fauffeté de ce qu'attefte la Demoifelle de Laloe, c'eft que le fieur le Vaffeur, qui eft le feul Chirurgien qu'elle ait nommé, & qu'on ait entendu: homme dont le zele pour les miracles du fieur Pâris, n'eft pas équivoque, n'a dit dans fa dépofition, ni qu'il eût confeillé l'amputation du fein, ni qu'il eût jugé cette operation néceffaire.

On ne nous donne donc aucune preuve que le mal de la Demoifelle de Laloe fût incurable; & nous avons de juftes fondemens pour croire qu'il ne l'étoit point. Refte à fçavoir fi fa guérifon a été foudaine. Car, fuivant la troifiéme regle que nous avons établie, & dont les fieurs Curez femblent eux-mêmes convenir, il faut pour un miracle de guérifon, que fi la maladie n'étoit pas incurable, la guérifon ait été

fubite

Il n'eft prouvé, ni que la guérifon ait été foudaine, ni même que le mal fubfiftât au tems où on la plaçe.

On prévient, & on réfute tout ce qu'on peut objecter à ce fujet.

subite. Mais, loin qu'il y ait des preuves certaines que la guérison ait été
subite, nous n'en avons pas même que
la maladie ait subsisté jusqu'au tems,
où l'on assure qu'elle fut miraculeusement dissipée.

Quelques témoins, il est vrai, semblent le dire, & plusieurs déposent aussi
qu'elle souffrit extrêmement la veille,
la nuit & le matin du jour où elle se dit
miraculeusement guérie, mais c'est sur
la foi de la Demoiselle de Laloe que
font conçûes toutes ces dépositions ;
c'est elle qui l'avoit dit aux déposans ;
c'est elle qui leur avoit assuré qu'elle
souffroit, & ce n'est que par elle qu'ils
l'avoient pû apprendre. De quel poids
peut être le témoignage d'une fille, déja très-suspecte de mensonge, & re-
prochable à d'autres titres, comme
nous le verrons bien-tôt ? Voyez ci-dessus, p. 96.

Nous sçavons que la servante de la
Demoiselle de Laloe dépose que le matin du jour, auquel sa maîtresse se dit
guérie, elle lui avoit vû le sein qui
étoit encore fort gros. Mais, outre qu'aucun autre témoin ne l'atteste, & qu'un
témoignage unique est, selon toutes les
regles, un témoignage inutile ; cette
servante ne parle dans sa déposition que
de la grosseur du sein, & ne fait men-

tion d'aucun autre signe de maladie.
Or le Médecin qui a examiné cette information, a fait observer que la Demoiselle de Laloe auroit pû aisément
tromper sa servante par quelque strata-
gême, qui auroit fait paroître une partie du sein, plus grosse & plus dure que
le naturel. De quels artifices n'est pas
capable une fille, animée par quelque
interêt, de la nature de celui dont nous
serons dans peu obligez de parler.

Nous sçavons encore que, selon
quelques témoins, lorsque la Demoiselle de Laloe s'apperçut qu'elle étoit
guérie, elle en fut tellement surprise
& saisie de joye, qu'elle parut s'évanoüir : circonstance qui suppose que sa
guérison étoit très-récente. Mais cette
objection n'a de force, qu'autant qu'on
suppose une entiere sincerité dans une
fille pleine de déguisemens & d'artifices.

Il ne faudroit même que faire attention à ce qu'elle raconte à ce sujet,
pour y voir toute l'apparence d'une
scene, où tout s'est passé en démonstra-
tions feintes & simulées. Si on l'en
croit, elle avoit un sein tellement enflé
qu'il étoit une fois plus gros que l'autre sein, & que *l'enflure avoit gagné le
col & le bras* : elle avoit souffert d'étran-

ges douleurs toute la nuit précedente, & toute la matinée du jour suivant : enfin vers le milieu du jour, l'enflure s'étoit évanoüie, & toutes les douleurs s'étoient appaisées. Pouvoit-elle dans ce moment ignorer qu'elle étoit guérie ? Pouvoit-elle ne pas sentir que l'énorme grosseur de son sein s'étoit dissipée ? Si cet objet ne faisoit pas assez d'impression sur ses sens, comment du moins la cessation de ses douleurs ne lui donna-t-elle pas la curiosité de faire dessors, ce qu'elle fit le soir en présence des Dames d'Aubigné, Ghenard & Alain, pour reconnoître la cause du calme dont elle joüissoit ? Cependant, à l'entendre, elle ignore pendant plusieurs heures ce qui lui est arrivé : elle demeure dans cette ignorance jusqu'au soir du même jour ; & jusqu'alors elle ne voit, ni ne sent le grand changement qui s'est fait en elle. Qui pourra se le persuader ? ou plûtôt qui ne sent par ce récit, qu'elle arrangeoit ses faits de telle sorte, qu'elle pût avoir des témoins à son choix, de la surprise & de la défaillance qu'elle vouloit feindre le soir, en examinant l'état de son sein ?

Si ce que nous avons dit, fait sentir que toutes les preuves qu'on employe pour établir le miracle dont il s'agit,

lors du prétendu miracle.

n'ont aucune solidité ; ce que nous allons ajoûter, démontrera que l'histoire débitée à ce sujet, n'est dans ses principales circonstances, qu'une fiction inventée, pour servir de voile à un mystere honteux, dont la Demoiselle de Laloe vouloit dérober la connoissance au Public. Cette fille étoit enceinte dans le tems qu'elle se plaignoit d'un mal au sein, & elle accoucha le 18. Janvier 1728. un mois & demi après sa prétenduë guérison miraculeuse,

Ce n'est qu'avec douleur que nous rappellons ici ce que nous souhaiterions pouvoir ensevelir dans un oubli éternel. Mais l'interêt particulier doit ceder à celui de la Religion : il n'est pas permis de souffrir qu'un évenement lié étroitement avec le crime, soit inseré dans les fastes de l'Eglise, & qu'il soit proposé à la croyance & à la véneration des Fidéles. Se récrier à ce sujet, & réclamer *les Loix de la Religion, & les premieres regles de la charité*, c'est vouloir faire illusion aux simples & aux ignorans. Que dictent donc ces Loix que l'on réclame, sinon qu'un Evêque ne doit tolerer en aucun cas, qu'on abuse les Peuples par de faux prodiges ; & qu'il est particulierement obligé de s'y oppposer, lo. squ'une telle impoſture, toujours injurieuſe à l'Auteur des vrais miracles, devient encore, comme aujourd'hui, un dangereux piege pour les Fidéles ?

Nous pouvons d'autant moins nous diſpenſer de parler ici du deſordre de cette fille, qu'il eſt connu, & par les démarches de ſes parens gens d'honneur & de probité, qui, pour en arrêter le cours, l'ont fait enfermer à la Fleche, dans la Communauté de la Magdelaine ; & par l'aveu qu'elle en a fait elle-même, afin de réparer avec éclat l'injure publique qu'elle avoit faite à la Religon.

Déclaration de la Dlle de Laloe du 26. Sept. 1734. Piec. juſt. p. 17.

Mais quelle liaiſon y a-t-il entre la groſſeſſe de la Demoiſelle de Laloe, & la fauſſeté du miracle qu'on dit avoir été operé en ſa perſonne ? *Quand il demeureroit pour certain*, diſent les vingt-trois Curez, *que dans le tems qu'elle prétend avoir été guérie, elle étoit enceinte, & qu'elle eſt accouchée le 18. Janvier 1728. quelles conſéquences pourroit-on tirer de la certitude la plus complete de ces faits, contre le miracle qui lui a rendu la ſanté ?*

Liaiſon de la groſſeſſe de la Dlle de Laloe, avec la fauſſeté du miracle.

Nous pourrions leur répondre d'abord, qu'on ne doit pas croire aiſément que Dieu ait interrompu les Loix

de la nature , pour exaucer une personne coupable de crime , & dont la
conduite même depuis ce tems-là , n’a
pas été réguliere. Nous n’ignorons pas
ce que remarquent ces Curez , que *notre divin Maître a déployé sa miséricorde
en faveur des plus grands pécheurs.* mais
saint Thomas observe à ce sujet, qu’en
guérissant les corps , il guérissoit les
ames ; & qu’il n’auroit pas été convenable qu’il guérît ceux-là sans guérir
celles-cy : *Non conveniebat Christo, ut
alicujus corpus curaret , nisi ejus curaret
animam.*

*3 p. q 44
à 3. ad 3.*

Ajoûtons qu’il n’est point d’homme
libre de préjugez , lequel instruit que
la Demoiselle de Laloe avançoit dans
sa grossesse , lorsqu’elle renouvella. ses
plaintes sur son mal de sein , & lorsqu’elle annonça sa guérison , ne soit
tenté de soupçonner dans toute cette
conduite du mystere & de l’artifice.
Soupçon qui se fortifie , quand on fait
attention, que quelques jours avant que
de parler du prétendu miracle , elle
étoit allée prier une Sage-femme *de lui
prêter son secours pour la délivrer , lorsque le terme de ses couches arriveroit.*

*Piec. just.
p. 10.*

*Aveu
précis de
cette fille
sur cette
liaison.*

Mais qu’est-il besoin de recourir à
ces réponses ? La Demoiselle de Laloe
nous apprend elle-même quelle liai-

son il y a entre sa grossesse, & la fausseté du miracle qu'elle a publié. Elle a cru devoir le reveler à toute la terre, pour détromper le Public, & satisfaire au mouvement de sa conscience. Après avoir dit dans une déclaration du 26. Septembre 1734. que c'est à l'instigation de differentes personnes de sa connoissance, qu'elle a publié que Dieu l'avoit miraculeusement guérie d'un cancer au sein, elle avouë, *que tout ce qu'elle a dit, fait, & écrit dans le tems de l'information, n'étoit que pour donner des couleurs à des choses, qu'elle vouloit n'être connuës que d'elle seule.* Voilà la réponse précise à la question que font les sieurs Curez.

Ce n'est qu'avec surprise que nous leur entendons dire que cette déclaration est *extorquée* ; que *la violence lui a donné l'être,* & que celle qui l'a souscrite, *n'auroit pû refuser de le faire, sans s'exposer à toute sorte de mauvais traitemens.* C'est bien ici où nous aurions lieu de reclamer les Loix de la justice, & les premieres regles de la charité. Quoi donc est-il permis d'accuser sans preuves & sans fondement, les personnes préposées au gouvernement d'une maison de retraite & de pénitence, d'avoir employé les mena-

Piec. just. p. 17.

Témérité de la réponse des 23. Curez.

E iiij

ces & les mauvais traitemens, pour forcer une fille à se décrier elle-même par une imposture ? Jamais accusation ne mérita mieux le nom de calomnie.

Inutilité de cette réponse. Piec. just. p. 19.

La Demoiselle de Laloe dans une Lettre à Monseigneur l'Evêque d'Angers, en datte du quatre Octobre dernier, lui marque qu'ayant appris *que les Partisans du culte de M. Páris, regardent sa déclaration du* 26 *Septembre* 1734. *ou comme supposée, ou du moins comme suspecte,* elle veut *leur fermer la bouche pour toûjours, en satisfaisant en même tems aux mouvemens de sa conscience;* & que c'est ce qui la détermine à réiterer & confirmer son désaveu entier. *Je déclare donc devant Dieu,* dit-elle, *que je n'ai répandu dans le Public que j'avois été guérie miraculeusement par l'intercession de M. Pâris, que par l'instigation de differentes personnes de ma connoissance, & pour couvrir ce que j'avois interêt de cacher: Que tout ce que j'ai dit, fait, écrit dans le tems de l'information du prétendu miracle, est faux & supposé dans toutes ses circonstances: Que dans aucun tems je n'ai eu de cancer au sein, ni aucune disposition pour en avoir.* Elle ajoute, que *la veuve Desclaux, Maîtresse Sage-femme, peut & doit certifier ce qu'elle avance, & la Dame*

105

Daubigné . . . . qui doit en conscience dire la vérité.

Il m'en coûte, dit-elle en finissant, *de faire un pareil aveu ; mais je préfere le bien de la Religion à mon interêt personnel. Je ne crains point au surplus que cette Lettre soit renduë publique, esperant que Dieu voudra bien me tenir compte de l'humiliation à laquelle je m'expose, pour réparer l'illusion scandaleuse que j'ai causée.* Le témoignage d'une fille pénitente sera-t-il d'un moindre poids au jugement des sieurs Curez, que celui d'une fille engagée dans le désordre ?

Si sans égard à ces déclarations, on persiste à soutenir, que c'est par violence & contre la verité, que cette fille a attribué au dessein de cacher son deshonneur, ce qu'elle avoit publié de ses maux & de sa miraculeuse guérison ; voici une preuve sans réplique, que la violence ne lui a point extorqué cet aveu.

Ce qu'elle déclara le 26. Septembre de l'année 1734. elle l'avoit avoüé en 1728. quelques jours après son accouchement, à la Sage-femme, ainsi que celle-ci l'a attesté dans sa déclaration du 24. Octobre dernier. Qu'on lise cette déclaration, on y apprendra que dans le tems des couches de la Dlle. Laloe, un Prêtre de S. Medard alla la solliciter de

Piec. jc. B. p. 20.

E v

déclarer par écrit, qu'elle avoit été guérie miraculeusement, & qu'elle promit de le faire ; persuadée sans doute, que le personnage de fille miraculeusement guérie , joüé en public , seroit utile pour couvrir le mystere de sa grossesse , & des infirmitez qui en avoient été les suites. On y apprendra encore , qu'après que ce Prêtre se fut retiré, la Sage - femme témoin de la proposition & de la promesse, en fit des reproches à la Demoiselle de Laloe, & lui demanda, *si c'étoit pour se moc-quer de Dieu & de la Religion, qu'elle disoit avoir été guérie par miracle :* que cette fille prétendant que si celle qui lui faisoit ces reproches, l'avoit vûë dans l'état où elle avoit été, elle conviendroit du miracle ; l'autre lui soûtint que le mauvais état de son sein avoit été l'effet des remedes violens , dont elle avoit fait usage au commencement de sa grossesse, & qu'à ces mots l'imposture disparut, & la verité se manifesta : *Que vouliez-vous que je fisse ,* lui dit la Demoiselle de Laloe , *pour cacher l'état où j'étois ?*

Voilà le même aveu que celui contre lequel on s'éleve si indignement. Est-il aussi le fruit de la violence ? La Sage - femme l'arracha - t - elle par la crainte *de toutes sortes de mauvais traite-mens* ? On conviendra que la Demoi-sélle de Laloe n'avoit rien à craindre en le refusant. Aveu au reste si certain, que le sieur Belette, Docteur de Sorbonne, vous a confirmé, MONSEI-GNEUR, ce qu'a encore déclaré cette Sage-femme, que dans le même tems, elle alla le consulter, pour apprendre de lui quelle conduite sa conscience l'obligeoit de tenir dans une conjon-cture si délicate.

Après cela, comment s'obstiner à ériger en miracle la guérison de la Demoiselle de Laloe ? Tout ne revolte-t-il pas dans ce projet ? & la pieté n'en est-elle pas blessée ?

On revient néanmoins à la charge : on dit qu'il est constant par l'information ; que la maladie de cette fille fut de près de trois mois, antérieure à sa grossesse, & que sa guérison préceda un mois & demi son accouchement : d'où l'on conclut que la connoissance de son desordre, ne peut fonder de justes préventions contre le miracle operé en elle. Tel est le précis de l'objection qu'on donne pour victorieuse, & que nous regardons comme absolument frivole.

On détruit leur principale objection.

Il est vrai que la Demoiselle de La-

avoit mal au fein, avant que de devenir enceinte ; mais il eft vrai auffi que
ce mal étoit alors guéri , ou prefque
guéri. Ce qui nous le perfuade , c'eft
que nous ne pouvons croire que dans
le grand progrès de fon mal, elle fe
fût livrée aux derniers defordres ; que
dans un tems où elle auroit été mou-
rante , accablée de langueurs , où on
lui auroit dit que fon mal étoit un cancer, dont elle ne pouvoit guérir que
par l'amputation de la partie , qu'elle
devoit ufer de beaucoup de régime,
& que cependant elle n'avoit pas beaucoup à vivre , elle eût entretenu un
commerce criminel il faudroit que fon
libertinage eût été monftreux, pour être
plus fort qu'un danger prefent de mort
& que les douleurs exceffives dont elle
fe plaignoit.

Nous convenons encore que pendant
les cinq premiers mois de fa groffeffe,
fom mal parut s'irriter ; mais il nous
paroît conftant que ce fut l'effet de
cette groffeffe, & des remedes violens
dont elle ufa. Eft-il en effet étonnant,
(c'eft l'obfervation des Maîtres de l'art
qui ont été confultez) que de tels remedes qui troublent la formation du
lait : operent de mauvais effets , fur-
tout dans un fein déja malade ? Le Chi-

rurgien lui-même , quoiqu'il ignorât l'état de la Demoiselle de Laloe, reconnut que les remedes qu'il avoit employez jusqu'alors, avoient entretenu & augmenté le mal au lieu de le guérir ; ce qui le détermina à les faire tous cesser, ainsi qu'il l'atteste dans sa déposition. La Sage-femme en jugea de même, lorsque dans la suite elle apprit de quelle maniere on avoit traité la Demoiselle de Laloe. C'est ce qui lui fit dire à cette fille, *que si elle n'avoit pas fait tant de remedes violens , elle n'auroit pas eû le mal qu'elle avoit senti au sein.*

Piec.just. p. 22.

Enfin , nous ne nions point qu'un mois & demi avant son accouchement, on n'ait vû son sein guéri. Mais tout porte à croire que la cessation des remedes fut la cause de cette guérison. Le sieur le Vasseur Chirurgien, comme nous venons de le dire, n'a pû dissimuler que les remedes qu'il avoit donnez à la malade, n'avoient produit que de pernicieux effets : il dit clairement dans sa déposition, qu'ils l'avoient épuisée sans lui procurer aucun soulagement. Comme ces remedes , par l'épuisement qu'ils avoient causé à la malade, avoient mis obstacle à la guérison, que la nature pouvoit d'elle-même operer : dès qu'on les fait cesser, la nature agissant sans obstacle, doit dissiper le mal peu à peu,

Nous fommes d'autant mieux fondéz
à penfer que tel fut l'heureux effet de
la réfolution prife par le Chirurgien
vers la fin du mois d'Août, de laiffer
à la nature le foin de la guérifon ; qu'aucune des perfonnes qui ont dépofé, fi
on excepte ce Chirurgien, n'a déclaré
que dans les mois de *Septembre*, Octobre & *Novembre*, elle ait vû le fein
malade, dans le même état où il étoit
auparavant. Lui feul affure, qu'ayant
vifité certe fille par intervalles pendant
ce tems-là, il lui *trouva toûjours* le fein
dans la même fituation : mais fa dépofition eft contredite par la Demoifelle
de Laloe, qui attefte que depuis la fin
du mois d'Août, elle ne voulut plus
voir aucun Chirurgien, rebutée par
l'inutilité des remedes qu'on lui avoit
fait faire jufqu'alors.

Il faut conclure de ce que nous venons de dire, que le fieur le Vaffeur
a porté un jugement infoutenable,
quand il a affirmé que la guérifon de
cette malade ne pouvoit venir que de
la puiffance de Dieu. Quelque attention
fur ce qui avoit entretenu la maladie,
lui auroit appris quelle a été enfuite
la caufe de la guérifon. Mais il ne rai-
fonne pas : fon zele pour les miracles
du tems l'emporte, & lui dicte la décifion qu'il prononce.

Au reste, quelle confiance mérite un Chirurgien, assez imprudent pour donner pendant quatre mois & demi des remedes violens à une fille, sans s'être assuré de son état ; assez peu éclairé, ou assez inattentif, pour ne pas connoître qu'elle étoit enceinte, quoique, s'il faut l'en croire, il lui eut examiné le sein, souvent pendant les quatre premiers mois de sa grossesse, par intervalles dans les trois mois suivans, & même un mois ou un mois & demi avant son accouchement ?

Sortons de ce sujet : on n'en a que trop vû pour conclure que le Miracle dont il s'agit, est évidemment supposé, loin qu'il soit prouvé avec évidence, comme on a osé l'avancer. S'il est possible, ensevelissons-le dans l'oubli, ce faux miracle, ce miracle indécent, mêlé, confondu, compliqué, pour ainsi dire, avec le crime, ou avec ses suites, & bien plus propre à exciter les railleries des Libertins, qu'à édifier la pieté des Fideles.

FAIT concernant la Demoiselle Moßaron.

Nous croyons avoir suffisamment prouvé, MONSEIGNEUR, par la dé- Voyez ci-dessus, p. 32.

claration du fieur Ifoard , Promoteur au tems des informations , que l'ordre d'informer touchant la guérifon de la Demoifelle Marie - Magdeleine Moffa. ron , n'a pû être compris dans la prétenduë Commiffion du fieur Thomaffin; & que par conféquent nous fommes évidemment en droit de rejetter fans examen cette information , comme abfolument nulle par le défaut de pouvoir.

Cependant pour ne laiffer aux Auteurs des Requêtes aucune reffource , nous ferons voir que ce prétendu miracle porte comme les autres , des caraéteres fenfibles de fauffeté. Le voici, tel que la Demoifelle Moffaron le rapporte dans fa dépofition reçuë par le fieur Thomaffin,

La nuit du 16. au 17. Janvier 1727. elle fe fentit attaquée de convulfions. Le fieur le Vaffeur Chirurgien, & le fieur Clerambourg Apoticaire ayant été appellez, elle fut faignée. Nonobftant les faignées & les remedes qu'on lui donna dans la nuit même, la maladie fe changea en apoplexie. Elle fut plufieurs jours en fi grand danger , qu'on lui adminiftra le faint Viatique le 20. ou le 21. Janvier. Cette apoplexie dégenera enfuite en paralyfie, qui, malgré tous les secours de la Médecine, a duré dix-huit mois : ensorte que le côté gauche n'avoit dans le premier mois de la maladie, aucun mouvement; & que dans la suite jusqu'à sa guérison, il n'avoit que très - peu de mouvement. La malade ne pouvoit presque remuer le bras, s'il n'étoit soutenu d'un ruban : elle ne pouvoit presque marcher, sans être appuyée sur quelqu'un du bras gauche, & sans le secours d'une canne à la main droite. Avec ce double secours, tout ce qu'elle pouvoit faire, étoit d'aller dans les Eglises les plus proches, & dans les maisons voisines. Pendant tout le cours de la maladie, la Demoiselle Mossaron étoit souvent attaquée de fiévres & de convulsions, qui augmentoient la paralysie ; un froid continuel saisissoit tout le côté gauche, & rien n'étoit capable de l'échauffer. Voyant à la Fête de S. Jean 1728. que les Médecins, Chirurgiens & Apoticaires, après lui avoir donné toutes sortes de remedes, regardoient son indisposition comme incurable, elle resolut de demander par l'intercession du sieur Pâris, la patience dans ses maux, & la soumission à la volonté de Dieu. Pour être à portée de faire une neuvaine au tombeau de ce Diacre, elle fut conduite le même jour de S. Jean, à la maison du sieur Verrier Tapissier du Roy, ruë Fer-à-moulin proche Saint Medard. Le 26. au matin elle alla sur le tombeau, s'appuyant sur la fille du sieur Verrier, & ne pouvant presque se soutenir. Le soir, elle y retourna avec le même appuy que le matin. Elle s'assit sur une chaise, & dit à cette fille de s'en retourner, & de ne revenir que dans deux heures. Elle ne pouvoit, dit-elle, se mettre à genoux, sans le secours de quelqu'un qui l'aidât à s'y mettre, ni se relever ensuite sans un pareil secours. Elle passa la premiere heure assise près du tombeau : après quoi elle voulut se mettre à genoux, & s'y mit effectivement avec beaucoup de peine, s'appuyant sur la chaise. Ayant demeuré à genoux pendant un demi quart d'heure, elle voulut se relever, & fut surprise de le faire sans peine, & sans avoir besoin de secours. Elle demeura quelque tems assise en prieres ; ensuite elle se remit à genoux, & mit sa tête sous la tombe. S'étant relevée très-aisement, elle s'en retourna seule à la maison du sieur Verrier, & monta le soir l'escalier ; ce qu'elle a fait le reste de la neuvaine, ſans avoir beſoin de canne pour ſe ſoutenir ; & depuis ce tems-là, elle ſe ſert aiſément du bras & de la jambe gauche, & s'eſt trouvée parfaitement guérie ; ce qu'elle attribuë à la puiſſance de Dieu par l'interceſſion du ſieur Pâris.

Les vingt-trois Curez, en parlant de cette guériſon, diſent : *Que de tous les miracles, dont les preuves ſont adminiſtrées par l'information du ſieur Thomaſſin, c'eſt celui ſur lequel il eſt le plus impoſſible de répandre des doutes & des nuages.* Cependant, lorſqu'on approfondit l'information, non-ſeulement il s'éleve des doutes & des nuages ſur la verité du prodige, mais on en voit tous les fondemens crouler & diſparoître.

En effet, on ne l'appuye que de deux moyens, auſquels ſe rapportent tous les autres. La maladie de la Demoiſelle Moſſaron étoit, dit-on, incurable ; & ſa guériſon a été operée tout-à-coup, dans le tems qu'elle prioit pour la ſeconde fois au tombeau du ſieur Pâris. Deux prétentions, dont l'une eſt conſtamment une erreur, & l'autre une allégation deſtituée de preuves.

En premier lieu, il eſt faux que la

Vain triomphe des 23. Curez au ſujet de ce prétendu miracle.

Preuve par les

maladie fût incurable. On doit nécessairement l'inferer de ce qu'ont établi les célebres Médecins & Chirurgiens qui ont donné leurs avis sur la maladie d'Anne le Franc. Ils ont mis en principe que les convulsions, le retirement de langue, les étouffemens & les foiblesses, sont les simptômes ordinaires de cette espece de maladie : que la fievre, les maux de côté, la foiblesse des jambes en sont les suites naturelles : qu'il y a des personnes à qui les convulsions durent long-tems ; & dont les accès seroient dangereux, si elles n'étoient secouruës par les remedes ; & qu'au reste ils ont souvent vû guérir par les voyes ordinaires, des personnes attaquées de ce mal. Or ce sont là les simptômes que la Demoiselle Mossaron éprouva au commencement, & pendant le cours de sa maladie. Nous devons donc conclure touchant la Demoiselle Mossaron, ce que les Médecins & Chirurgiens ont conclu touchant Anne le Franc, *que sa maladie étoit une maladie connuë, ordinaire, & qui le plus souvent est curable par la nature, par l'art, ou par le secours de l'une & de l'autre ensemble.*

Ce qu'elle raconte des changemens qu'elle éprouva depuis ses premiers accidens, est une autre preuve bien pré-cise que sa maladie n'étoit point incu-rable. Après avoir dit qu'on lui pro-cura tous les secours de la Médecine, elle ajoute, que le côté gauche, qui dans le premier mois de sa maladie n'a-voit aucun mouvement, en recouvra un peu dans la suite. Voilà un aveu bien marqué que les remedes avoient bientôt commencé à être efficaces.

Ils produisent des effets encore plus heureux, puisqu'il paroît par sa dé-position, que dans la suite elle fut en état de marcher sans aucun appui. *Elle ne pouvoit*, dit-elle, *presque remuer le bras, que soutenu d'un ruban; elle ne pouvoit presque marcher, sans être ap-puyée sur quelqu'un du bras gauche, & sans le secours d'une canne à la main droite.* Cela signifie sans équivoque, qu'avant sa guérison elle pouvoit, quoiqu'avec peine, remuer le bras gauche, sans qu'il fût soutenu, qu'elle pouvoit aussi, quoique difficilement, agir & marcher, sans être appuyée. Peut-être même qu'un peu d'exagera-tion retranchée, ses expressions se ré-duiroient à signifier une médiocre dif-ficulté. D'où il suit qu'on ne peut nous objecter les autres témoins de l'infor-mation, qui tous ou presque tous atreſtent, qu'elle *ne pouvoit* ni *marcher* ſans un double appui, ni *remuer le bras gauche*, *ſans qu'il fût ſoutenu d'un ruban*; ou qu'*elle ne pouvoit ſe ſervir*, *ni de la main gauche*, *ni de la jambe gauche*, *s'aider en aucune maniere du côté gauche affligé*; ou que *ce côté n'avoit aucun ſentiment*, *qu'il n'avoit aucun mouvement.* La Demoiſelle Moſſaron qui conſtamment a recueilli avec ſoin toutes les circonſtances propres à accréditer le miracle, les convainc tous de menſonge ou d'exageration.

Mais qu'eſt-il néceſſaire de montrer qu'on ne peut s'appuyer ſolidement ſur ces dépoſitions? Aujourd'hui les vingt-trois Curez diſent, qu'ils ne s'arrêtent qu'au témoignage des Maîtres de *l'Art*, qui ont vû la maladie dans ſon principe & dans ſon progrès. Voyons donc ſi l'autorité de ceux qu'ils citent, doit entraîner tous les ſuffrages; ou ſi un zele aveugle pour les prodiges de nos jours, n'a pas dirigé ces Maîtres dans le jugement qu'ils ont porté.

Nous remarquons d'abord que ces Curez, après avoir dit qu'ils ne s'arrêtent qu'au témoignage des Maîtres de l'art, qui avoient vû la maladie de la Demoiſelle Moſſaron dans ſon principe & dans ſon progrès, n'auroient pas

dû insister sur la décision du Sr. Thieullier. Comment ce Médecin avoit-il vû
la maladie dans son principe & dans
son progrès, lui qui dépose qu'il ne
fut appellé que le 21. Janvier 1727,
c'est-à-dire, le cinquiéme jour de la
maladie ; & que depuis le 28. Janvier
1727. il ne vit plus la Demoiselle Mossaron jusqu'après la saint Jean 1728.
Les sieurs Curez ne peuvent s'arrêter
à son témoignage, sans oublier leur
résolution & leur promesse.

Ecoutons cependant ce qu'il a attesté.
„ Le 21. Janvier, cinquiéme jour de
„ la maladie de la Demoiselle Marie-
„ Magdelaine Mossaron, il fut appellé
„ pour la traiter d'une maladie qu'on
„ disoit très-dangereuse, & qu'il cara-
„ ctérisa de convulsions universelles,
„ qui dégenérerent en apoplexie, dont
„ la crise fut une paralysie sur le côté
„ gauche ; de maniere que le bras gau-
„ che étoit incapable de tout mouve-
„ ment, & que ladite Demoiselle Mos-
„ saron traînoit la jambe du même côté ;
„ qu'après avoir tenté tous les remedes
„ que la Médecine peut fournir, il a
„ abandonné ladite Demoiselle Mossa-
„ ron le 28. de Janvier de la même an-
„ née, dans ledit état de paralysie, &
„ regarda alors cette maladie comme

„ incurable difant au pere de ladite
„ Dlle. Moffaron , qu'il valoit mieux
„ la laiffer dans l'état d'une cure pal_
„ liative , que de courir un rifque pref_
„ que certain par l'adminiftration de
„ nouveaux remedes prefque toujours
„ infideles dans de pareilles circon-
„ ftances. "

Moyens qui dé-montrent que cette décifion n'eft d'aucun poids.

Le témoignage eft très-précis , mais eft-il auffi confidérable ? Sans appuyer fur le Decret que la Faculté de Méde-cine de Paris, porta en 1733. contre ce Médecin , & contre un Ouvrage qu'il avoit donné au Public ; il fuffira de remarquer que fa dépofition renfer-me des méprifes & des défauts , qui lui ôtent toute autorité.

1°. Dès le 28. Janvier , il décide qu'une paralyfie qui n'avoit commen_cé que douze jours auparavant, eft un mal *incurable*. Et fur quel principe le décide-t-il ? Quels font les Médecins habiles & experimentez , au jugement defquels une paralyfie toute récente dans une jeune perfonne , paffe pour une maladie que la nature ne fçauroit guérir ? Vous en avez confulté , MON-SEIGNEUR , de ces Maîtres habiles : & ils vous ont affuré que nul princi-pe , nulle raifon folide n'autorife cette décifion.

2°. Ce

2°. Ce Médecin, en même tems qu'il déclare la maladie incurable : abandonne la malade, & prononce que de lui administer de nouveaux remedes, ce seroit courir *un risque presque certain.* Cependant, loin que la maladie s'aigrisse par les nouveaux remedes qu'on employe, elle diminuë si considérablement, que la malade dans la suite se trouve en état de se lever, de remuer le bras, de marcher seule * dans sa chambre en s'appuyant contre le mur, d'aller à pied avec quelque soutien à l'Eglise, dans des maisons voisines, & de se trouver à des nôces. N'est-il pas surprenant que le sieur Thieullier ait osé rappeller dans sa déposition, **un** jugement si précipité, & s'y soutenir, malgré les expériences qui devoient l'avoir détrompé ?

3°. On ne doit pas être moins surpris, ainsi que l'ont observé les Maîtres de l'Art, de lui entendre dire, que dans l'espace de sept jours, il avoit *tenté tous les remedes que la Médecine peut fournir.* Nous voulons bien croire qu'à l'âge d'environ trente ans, il connoissoit tous ces remedes : mais peut-on dans l'espace de sept jours, employer tous ceux que la Médecine peut fournir contre la paralysie d'une jeune

F

perfonne ? Ces raifons nous difpenfent fans doute de foufcrire au jugement de ce Docteur, lorfqu'il dépofe que la maladie de la Demoifelle Moffaron étoit incurable.

Le jugement des Srs Clerambourg & le Vaffeur, encore moins digne d'attention.

La décifion du fieur le Vaffeur Chirurgien, & du fieur Clerambourg Apoticaire, qui affurent la même chofe, n'eft pas d'un plus grand poids. Outre que le premier s'eft décrié lui-même par le témoignage qu'il a rendu au fujet de la Demoifelle de Laloe, l'un & l'autre ont avancé une fauffeté infigne, lorfqu'ils ont dépofé que depuis la retraite du Médecin Thieullier, les remedes *furent fans aucun avantage & fuccès*, qu'ils furent *toujours infructueux, ne guériffant, ni ne diminuant la paralyfie*. La Demoifelle Moffaron, & un grand nombre de témoins leur donnent un démenti formel fur ce point, en atteftant qu'après que le Médecin fe fut retiré, la malade jufqu'alors fans mouvement du côté gauche, & comme immobile dans fon lit, fut quelque tems après en état de fe lever & de marcher.

On a donc les plus fortes raifons de croire, que la maladie de la Demoifelle Moffaron pouvoit être guérie par l'art ou par la nature ; & entre les

autoritez qu'on employe pour perfua-
der le contraire, il n'en eſt aucune qui
doive faire impreſſion.

Il n'eſt pas moins certain que c'eſt
une prétention ſans fondement ſolide,
que la guériſon ait été ſubite ; c'eſt-à-
dire, qu'elle ait été operée préciſément
dans le tems que la malade prioit pour
la ſeconde fois, ſur le tombeau du Sr
Pâris.

Nous ſçavons que les ſieurs le Vaſſeur & Clerambourg l'ont atteſté ; mais
comment pouvoient-ils en être aſſûrez ?
Suivant leur propre dépoſition, ils n'a-
voient vû la malade que quelques ſemaines, ou quelques mois avant qu'elle
allàt à S. Médard, & que quatre ou
cinq jours après ſa prétenduë guériſon
miraculeuſe. Il eſt viſible que leur zele
pour accrediter les nouveaux miracles,
leur a fait croire qu'ils pouvoient ſe
donner pour témoins, de ce qu'ils
avoient ſeulement entendu dire.

Les autres temoins qui font la même
dépoſition, ne ſont point des Maîtres
de l'Art en matiere de maladie & de
guériſon ; & les ſieurs Curez déclarent
qu'ils ne veulent *s'arrêter qu'au témoignage des Maîtres de l'Art.* Il paroît
en effet qu'il falloit être expert en ce
genre, pour juger ſûrement, ſi juſqu'au

Témerité de ceux qui ont atteſté dans l'information que la Dlle Moſſaron a été ſoudainement guerie ſur le tombeau du ſieur Pâris.

F ij

tems où la malade alla faire sa seconde station au tombeau du sieur Pâris, sa maladie avoit toujours perseveré ; & si dès ce moment elle fut entierement dissipée.

Les faits qui ont précedé ou suivi la seconde station à ce tombeau, ne le prouvent point. 1°. Parceque ceux qui attestent ces faits, se contredisent.

On nous dira sans doute que la preuve en resulte des faits qui ont précedé cette seconde station , & de ceux qui l'ont suivie ; faits dont les yeux sont les juges, & que les témoins attestent qu'ils ont vûs.

Mais pouvons-nous sans inquietude ajouter foi à des temoins, qui se contredisent manifestement sur le plus considérable de ces faits ; c'est-à-dire, sur la maniere dont la Demoiselle Mossaron, arrivée le 24. Juin chez le sieur Verrier , parvint jusqu'à la chambre qui lui étoit préparée ? Selon les uns * elle fut soutenuë & portée pour monter dans sa chambre ; selon les autres ** elle se traîna en se couchant le long de

* La Dlle Mossaron dit , qu'elle fut soutenuë, & même portée par les personnes qui l'aidoient à monter. Son pere dépose , qu'il fallut la porter dans la chambre qui lui étoit destinée. Le sieur Mossaron fils , de même , le sieur Apparuit assure qu'il soutint alors tout le poids de son corps.

** Le sieur Verrier , sa femme , son fils & sa fille attestent que la Dlle Mossaron ne put monter dans sa chambre au premier étage, qu'à quatre pattes , couchée sur la montée, s'aidant seulement de la main droite, & de son pied droit : & qu'elle ne put quand elle fut en haut, se relever qu'à l'aide des personnes qui la soutenoient,

²escalier, & ne s'aidant que de sa main
ᵈdroite & de son pied droit. La contra-
ᵈiction est palpable, & fait nécessai-
ᵣrement soupçonner la sincerité des té-
ᵐmoins.

Recevons néanmoins pour vrais ces
ᶠfaits contradictoires qu'ils attestent, &
ᵗtous les autres faits dont leurs déposi-
ᵗtions font mention : s'ensuit-il que la
guérison ait été operée soudainement,
,& précisément dans le tems que la De-
ᵐmoiselle Mossaron prioit pour la se-
ᶜconde fois auprès du tombeau du sieur
ᵖPâris ?

Pour en tirer cette conséquence, il
faudroit être assûré qu'il n'y a point
eû de feinte de sa part, dans ce qui
parut en elle avant & après cette seconde station. Mais quelle certitude en
avons-nous ? N'y a-t-il pas eû de l'affectation dans l'extrême foiblesse où
elle parut être la surveille, la veille &
le matin du jour auquel elle annonça
sa guérison ? On ne voit point qu'a-
vant ce tems elle ne pût presque se
soutenir, qu'elle ne pût monter un
escalier sans être portée, ou sans se
traîner dans l'étrange attitude que
quelques témoins ont décrite. Il paroît par la déposition de la Dame Thomassin, que la malade marchoit seule

2°. Parce qu'il est incertain si la Dlle Mossaron n'a pas usé de feintes.

dans fa chambre, à la faveur de quelque appui; & plufieurs autres témoins rapportent qu'elle faifoit des vifites qu'on la rencontroit marchant dans les ruës. Pourquoi donc femble-t-elle être dans une fi grande foibleffe, quand elle eft arrivée chez le fieur Verrier auprès de S. Médard ? Peut-on ne pas craindre que par cet objet touchant elle n'ait voulu préparer les fpectateurs à prendre pour un miracle, l'effort qu'elle devoit faire en remontant feule le 26. au foir un premier étage?

Quelque fondé que paroiffe le foupçon que ces réflexions font naître, toujours éloignez de ceder aux apparences defavantageufes au prochain, nous n'appuyerons que fur ce point inconteftable, que, fi la Demoifelle Moffaron a voulu ufer de feinte, eile l'a pû, & que nous ne fçaurions être affurez qu'elle ne l'ait pas voulu. Dès-là tout roule fur la fincerité incertaine de cette fille. Or un miracle fondé fur un tel appui, eft-ce un miracle prouvé?

Quand même nous fuppoferions, ce qui eft manifeftement faux, qu'il y a une certitude abfoluë, qu'il n'y eut point de feinte & d'affectation dans la foibleffe, où la Demoifelle Moffaron parut être en arrivant chez le Sr Verrier, & jufqu'au troifiéme jour de fon arrivée ; on ne peut en ce cas fe difpenfer de croire que cette extrême foibleffe fut l'effet de quelque révolution, caufée par les remedes qu'elle avoit continuez jufqu'à ce jour, comme elle le fait clairement entendre, ou par la chaleur de la faifon, ou par l'agitation du voyage, ou par quelqu'autre circonftance. Car enfin cette foibleffe n'étoit pas fon état ordinaire, ni celui où elle s'étoit trouvée, lorfqu'elle monta en caroffe pour aller chez le fieur Verrier. Or faut-il fouvent autre chofe qu'une révolution, pour guérir dans une jeune perfonne des infirmitez telles que celles de la Demoifelle Moffaron ? C'eft une réflexion des Maîtres de l'Art qui ont été confultez.

Il eft donc plus que probable, que par cette efpece de crife, la caufe des infirmitez de cette fille étoit diffipée, lorfqu'elle alla au tombeau du fieur Pâris ; qu'alors elle étoit en état de faire aifément plufieurs actions qu'elle ne faifoit auparavant qu'avec peine ; que néanmoins elle ne s'apperçut de cette facilité, que lorfqu'étant feule à genoux auprès du tombeau, elle eut befoin de fe relever ; que s'étant relevée fans beaucoup d'effort , elle crut avec fimplicité que ce qui n'étoit en elle que l'effet d'une révolution naturelle, étoit une faveur du Ciel , obtenuë par l'interceffion du fieur Pâris.

Il eft encore à remarquer qu'il n'y a pas même de preuve dans la procedure, que la guérifon de cette malade ait été parfaite dès le moment qu'elle eut achevé fa feconde ftation. Plufieurs témoins l'affurent à la verité ; mais elle-même le dit-elle ? Qu'on examine avec attention fa déclaration , on y trouvera qu'en parlant de ce qui lui arriva à S. Médard , elle ne dit point qu'elle fe foit trouvée deflors dans une fanté parfaite , qu'elle n'ait plus fenti d'incommodité. Elle fe contente de dire qu'elle fe releva avec facilité ; qu'elle s'en retourna feule , & qu'elle monta le foir à fa chambre fans foutien. Ce n'eft que par rapport au tems qui a fuivi fa neuvaine qu'elle affure *qu'elle ne fent plus aucune incommodité du côté gauche, qu'elle s'eft trouvée parfaitement guérie.*

Cette obfervation eft fortifiée par un fait conftant dans la procedure. Le fieur Verrier & Suzanne Vizé fa femme atteftent, que la Demoifelle Moffaron demeura chez eux pendant trois femai

Marginal notes:

Nulle preuve d'ailleurs que d'abord après fa feconde ftation au tombeau du fieur Pâris, la guerifon ait été parfaite, comme on le prétend.

Preuve fort probable du contraire

nes. Pourquoi prolonge-t-elle ainſi ſon ſéjour dans une maiſon étrangere ? Pourquoi ſon Pere, qui doit être em-preſſé d'avoir chez lui une fille ſi fa-voriſée du Ciel, & pleine de ſanté après tant de maux ſoufferts, ne la rappelle-t-il pas, du moins après la neuvaine achevée ? Cela donne un juſte lieu de penſer, que la malade n'étoit encore qu'en convaleſcence ; qu'elle n'étoit parfaitement guérie, ni le 26. de Juin, ni à la fin de ſa neuvaine ; & que par des ménagemens prolongez pendant trois ſemaines, on voulut donner le tems à la nature d'achever ſon ouvrage.

Après tout ce que nous venons d'ob-ſerver, qui ne ſeroit ſurpris d'enten-dre les ſieurs Thieullier, le Vaſſeur & Clerambourg, prononcer que cette guériſon ne peut être attribuée qu'à la Toute-puiſſance de Dieu ? Qu'en ſça-voit le ſieur Thieullier, lui qui con-vient que depuis plus de 17. mois, il n'avoit point vû la Demoiſelle Moſ-ſaron ? lui qui par conſéquent n'avoit vû ni les divers états de la maladie, ni les effets des remedes ? lui qui ne fit même aucune queſtion à la malade guérie, pour découvrir ſi la vertu de la nature ne ſe manifeſtoit point par

F v

quelque endroit dans la guérifon ? Il fe fouvient qu'un an & demi auparavant un bras de cette fille étoit immobile ; il croit fe fouvenir qu'il la vit alors traîner la jambe, quoiqu'elle ne pût encore fortir de fon lit : & parce qu'il la trouve aujourd'hui qui marche librement, parce qu'elle lui ferre la main, fans faire attention à ce qu'il a fans doute oüi dire de l'efficace des remedes employez ; fans fe rappeller cet axiome connu de tout Médecin, qu'il arrive des chofes extraordinaires dans la nature ; fans examiner s'il ne refte à la malade rien de fes anciennes infirmitez, fur des rélations vagues & fans détail, il n'héfite pas à s'écrier au miracle Divin. Eft-ce ainfi qu'un Médecin fage & éclairé doit fe conduire dans une affaire de cette importance ?

Les atteftations des fieurs Clerambourg & le Vaffeur, que l'on cite avec emphafe, ne font pas plus capables de faire impreffion. Pourquoi ont-ils cru que cette guérifon étoit un miracle ? C'eft, dit le premier, parce *qu'il a toûjours regardé cette maladie comme incurable* : c'eft-à-dire, qu'il croit au miracle, parce qu'il eft dans une grande erreur : eft-ce un motif d'y croire nousmêmes ? C'eft encore, difent ils tous

deux, parce que la guérifon a été fubite Ont-ils donc été témoins de cette
circonftance, pour qu'ils puiffent l'attefter, & appuyer leur décifion fur ce
fondement ? Non : au tems de cette
prétenduë guérifon, il y avoit environ
quinze jours que l'un n'avoit vû la
malade ; & l'autre l'avoit perduë de
vûë depuis deux mois, ou deux mois
& demi. Et cependant ils décident fans
balancer, que c'eft par miracle qu'elle
eft guérie. Comme fi dans l'intervalle
du tems où ils ne l'ont point vûë, il
n'avoit pû lui arriver rien de naturel,
qui fût capable de perfectionner la
guérifon, que la nature & les remedes
avoient fi heureufement avancée. Des
décifions fi peu méditées méritent-elles
quelque attention ?

Nous ne pouſſerons pas plus loin nos
réflexions fur ce prétendu miracle. Après
celles que nous avons faites, il eft vifible qu'on ne produit aucune preuve folide, que la guérifon de la Demoifelle
Moffaron ait été operée fubitement fur
le tombeau du fieur Pâris ; & qu'il eft
abfolument faux que fa maladie ait été
incurable. Ainfi difparoît & s'évanoüit
le prodige fi vanté par les vingt-trois
Curez ; & il ne refte que la furprife de
voir tant de perfonnes réünies, dans le

vain projet d'en établir la créance.

Voilà, MONSEIGNEUR, les réflexions que nous avons faites sur les informations de mil sept cens vingt-huit : réflexions qui détruisent absolument l'idée que les vingt-trois Curez en ont voulu donner.

Ils ont avancé qu'elles sont juridiques, & revêtuës de tout ce qui peut les rendre autentiques, & leur donner une force, que rien ne sçauroit détruire, ni ébranler.

Nous avons démontré au contraire que ce sont des pieces informes, nulles & défectueuses, dénuées de toute autorité, & qui ne peuvent entrer dans l'ordre judiciaire.

Les mêmes Curez ont assuré, que les preuves qui résultent des dépositions, sont si victorieuses en faveur de quatre des faits dont le sieur Thomassin a informé, qu'elles dissipent tous les doutes, portent la persuasion dans les esprits, & forcent le Juge même à les reconnoître comme certains, & à les munir du sceau de son autorité.

Par la discussion que nous avons faite des témoignages qui composent les informations, nous avons prouvé qu'elles sont insuffisantes, pour établir la vérité des prodiges, qui en sont l'objet ; & qu'on ne peut, ni les publier fans une exceffive imprudence, ni les croire fans une aveugle prévention.

Perfuadé de la folidité des réflexions que nous avons eu l'honneur d'expofer à Votre Grandeur, nous croyons, MONSEIGNEUR, qu'il eft de notre devoir de réclamer aujourd'hui votre autorité, pour précautionner les Fidéles contre une crédulité dangereufe, dont nous avons tant lieu de déplorer les pernicieux effets. Crédulité qui a érigé en miracles, des guérifons qui ne préfentent rien de fupérieur aux forces & aux reffources de la nature. Crédulité qui a fait réverer comme des faveurs du Ciel, d'affreufes convulfions, effets vifibles d'une impofture méditée, d'une imagination frappée, ou de la malice du démon. Crédulité enfin qui a été jufqu'à confacrer des fcenes puériles ou cruelles, des actions même les plus honteufes, & des impiétez les plus facriléges.

Il n'eft pas néceffaire, MONSEIGNEUR, de vous propofer les remedes qu'il convient d'apporter a de fi grands défordres ; votre zele & votre fageffe vous les fuggereront. Nous nous renfermerons dans l'objet fur lequel vous avez excité notre miniftere.

Ce considere', MONSEIGNEUR, plaise à Votre Grandeur, déclarer que les Procès verbaux mentionnez dans la préfente Requête, & qui vous ont été préfentez par les 23. Curez, font informes, & fans autorité ; que les miracles qu'on prétend avoir été operez en faveur de Pierre Lero, de Marie-Jeanne Orget, d'Elifabeth de Laloe, & de Marie-Magdelaine Moffaron, font indignes de toute créance ; défendre de publier tant les prétendus miracles dont il a été informé, que les treize dont il eft fait mention dans la feconde Requête defdits fieurs Curez, & tous autres qu'on attribuë à l'invocation du fieur Pâris, & en renouvellant l'article xxx. des Statuts Synodaux de ce Diocèfe, & votre Mandement du 15. Juillet 1731. faire généralement défenfe de publier aucuns nouveaux miracles, qu'après que vous en aurez reconnu & déclaré juridiquement la vérité ; & dire que l'Ordonnance qui interviendra à ce fujet, fera enregiftrée au Greffe de l'Officialité, lûë & publiée par tout où befoin fera.

Signé, Nigon de Berty, Promoteur Général de l'Archevêché de Paris, Chantre & Chanoine de S. Germain l'Auxerrois.

ORDONNANCE

DE MONSEIGNEUR

L'ARCHEVESQUE

DE PARIS,

RENDUE sur la Requête du Promoteur général de l'Archevêché de Paris, au sujet des prétendus miracles attribuez à l'intercession du sieur Pâris Diacre, inhumé dans le Cimetiere de la Paroisse de saint Medard.

HARLES-GASPARD-GUILLAUME DE VINTI-MILLE DES COMTES DE MARSEILLE DU LUC, par la permission Divine & par la grace du Saint Siége Apostolique Archevêque de Paris, Duc de Saint Cloud, Pair de France, Commandeur de l'Ordre du Saint Esprit, &c. Au Clergé Séculier & Régulier, & à tous les Fidéles de

notre Diocèfe : SALUT ET BENEDIC-
TION.

Depuis quelques années , mes très-
chers Freres , la Ville de Paris , les
Provinces , toute la France retentif-
fent du bruit des prétendus miracles ,
que l'on publie comme operez par l'interceffion du fieur Pâris Diacre , inhumé dans le Cimetiere de la Paroiffe de
S. Medard.

Un Parti puiffant fe déclare hautement le défenfeur de ces prodiges ,
qu'il regarde comme décififs en fa faveur. Il prétend que des miracles éclatans faits fur le tombeau , & par l'interceffion d'un Appellant de la Confti-
tution *Unigenitus* , la renverfent , &
canonifent l'appel ; que c'eft Dieu même qui fait entendre fa voix , pour
anéantir un Decret émané du S. Siége ,
& reçû par le Corps des premiers Pafteurs ; & pour apprendre aux Fidéles
à défobéir , non - feulement fans fcru-
pule , mais en quelque maniere par
devoir , à ceux que JESUS-CHRIST a
établis pour conduire fon Eglife.

Les Adverfaires de la Bulle , acca-
blez fous le poids de la plus grande
autorité qui foit fur la terre , feule en
droit de terminer toutes les contefta-
tions qui concernent la Religion , ont

envifagé comme leur derniere reffource,
d'oppofer à cette autorité la voix des
miracles : comme fi Dieu pouvoit être
contraire à lui-même, & combattre
par des effets extraordinaires de fa
Puiffance, ce qui eft enfeigné par le
miniftere ordinaire & toujours fubfif-
tant, avec lequel Jesus-Christ a
promis d'être tous les jours jufqu'à la
confommation du fiécle.

Oüi, mes très-chers Freres, tel eft
le principe qui a infpiré à des perfonnes d'ailleurs éclairées, un zele aveugle pour accréditer les miracles attribuez au fieur Pâris. C'eft pour fomen-
ter la défobéiffance au Pape & aux Evêques, & pour juftifier tous les fentimens dans lefquels on dit que ce Diacre eft mort, qu'elles ont violé toutes les régles, en publiant comme no-
toires & certains, de prétendus miracles, qui n'ont été, ni juridiquement
examinez ; ni reconnus par ceux à qui
il appartient de décider fur ces matieres.

L'excès de la prévention a été porté
jufqu'à divinifer l'œuvre des convulfions, ces fcenes fcandaleufes & ex-
travagantes, que la Religion & la raï-
fon rejettent de concert.

Cette même prévention a été la
fource des jugemens que l'on a for-

mez à notre égard. Si nous avons parlé pour déclarer faux, fur des preuves convaincantes, un miracle qu'on avoit débité comme certain, fur des témoignages mandiez, furpris ou alterez ; non-feulement on ne s'eft point rendu aux preuves les plus claires, mais encore on nous a acculez d'avoir voulu étouffer les merveilles de Dieu, & d'avoir employé pour une fin fi criminelle, l'autorité qui nous eft confiée. Si depuis, par des confidérations fages, pacifiques, & pour ne pas aigrir un mal que nous voulions guérir, nous avons gardé le filence, dans un tems où les efprits n'étoient pas difpofez à profiter des meilleures inftructions, notre filence même a été interpreté comme l'effet de l'impuiffance, où nous étions de contredire les miracles, & d'une réfolution opiniâtre de ne point rendre gloire à Dieu.

Mais au milieu de ces jugemens defavantageux que l'on a portez fur nos démarches publiques, & fur une inaction apparente, fur nos paroles & fur notre filence, peu touchez de ce qui nous regarde perfonnellement, uniquement occupez du foin de vous être utiles & de remplir les devoirs de notre Miniftere, nous avons examiné devant Dieu ce que l'interêt de la Religion, le respect pour la vérité, les Régles de l'Eglise, le bien de vos ames exigeoient de nous ; & c'est sur ces seuls objets que nous avons tâché de régler notre conduite.

Toujours animez du même esprit, sans vouloir, mes très-chers Freres, faire notre apologie, nous croyons devoir vous rappeller ce qui s'est passé depuis quatre années, par rapport aux miracles attribuez au sieur Pâris ; vous exposer avec simplicité, & comme vous parlant devant Dieu, les principes & les motifs qui nous ont conduits jusqu'à présent, & ceux qui nous déterminent aujourd'hui.

En 1731. on répandit un Ecrit qui avoit pour titre, *Dissertation sur les miracles, & en particulier sur ceux qui ont été operez au tombeau de M. de Pâris en l'Eglise de S. Medard* : Ouvrage dont l'objet principal étoit de faire regarder comme miraculeuse, la guérison d'une fille de la Paroisse de saint Barthelemy, nommée Anne le Franc.

Nous crûmes devoir examiner par nous-mêmes avec la plus grande attention, & faire examiner par plusieurs Théologiens, cette Dissertation qu'on publioit de toutes parts avec un air de triomphe.

Nous reconnûmes, 1°. Qu'au mépris des Loix de l'Eglise & de celles de ce Diocèse, on entreprenoit de publier dans cet Ecrit des miracles, que nous n'avions ni vérifiez, ni approuvez. 2°. Que par un abus très-dangereux, on vouloit introduire dans notre Diocèse, un culte religieux & public, qui n'est point autorisé par l'Eglise. 3°. Que par un autre abus encore plus criminel, on vouloit se servir de ce prétendu miracle, pour soûlever les Fidéles contre les Pasteurs légitimes ; & que dans cette vûë on avoit fait dire à une fille simple & ignorante, *qu'elle avoit demandé à Dieu sa guérison, non comme un bien pour elle, mais comme un signe par lequel Dieu fît connoître quel est le parti de la vérité.*

Dissert. p. 22.

Toutes ces circonstances excitérent notre zele : nous nous crûmes dans l'obligation d'ordonner une information pour découvrir la vérité. Quarante témoins furent entendus sur la nature de la maladie d'Anne le Franc, & sur les circonstances de sa guérison : les dépositions des témoins reçûës juridiquement, furent communiquées à plusieurs Médecins ; & ce fut sur un concours de preuves, qui ne

141

laiſſoient plus aucune matiere de doute, que par notre Mandement du 15. Juillet 1731. 1°. Nous déclarâmes *faux* le miracle que l'on prétendoit avoir été operé le 3. du mois de Novembre 1730. en la perſonne d'Anne le Franc. 2°. *En renouvellant l'Article XXX. des Statuts Synodaux de ce Diocèſe , nous défendîmes de publier aucuns nouveaux miracles, que de notre autorité , & après que par un examen canonique , nous en aurions reconnu & déclaré juridiquement la vérité.* 3°. Nous fîmes défenſes *de rendre aucun culte religieux au ſieur Pâris , d'honorer ſon tombeau, de célébrer ou de faire célébrer des Meſſes en ſon honneur:* Défenſes que des conſidérations très-importantes nous obligérent de prononcer ; & que les abus , les excès & le fanatiſme qui ont été les ſuites de cette vaine dévotion , ont pleinement juſtifiées. 4°. Enfin nous condamnâmes l'Ecrit intitulé : *Diſſertation , &c. comme rempli de ſuppoſitions & d'impoſtures . . . injurieux au Pape & au Corps des premiers Paſteurs.*

Ce Mandement, mes très-chers Freres , déconcertoit les meſures de ceux, qui eſperoient tirer les plus grands avantages, du prétendu miracle operé ſur Anne le Franc. La fauſſeté & l'impoſture découvertes ſur un fait , que l'on avoit débité avec confiance dans le public comme miraculeux, répandoient des nuages, & faiſoient naître des doutes ſur tous les autres, qui ne paroiſſoient pas appuyez d'un ſi grand nombre de témoignages. Auſſitout fut mis en uſage pour empêcher les effets que notre Mandement commençoit à produire ſur les eſprits raiſonnables.

Avant ce Mandement, on avoit gardé un profond ſilence ſur certaines informations faites en 1728. par le Sr. Thomaſſin Vicegerent de l'Officialité en conſéquence, dit-on, d'une Commiſſion de M. le Cardinal de Noailles, touchant quelques guériſons annoncées au Public comme miraculeuſes. Pendant près de neuf mois que ce Prélat avoit ſurvêcu à ces informations, il n'avoit été queſtion ni de la part du Promoteur de requerir, ni de la part d'aucun autre d'agir pour la publication des faits, dont on avoit informé ; & depuis la mort de notre Prédéceſſeur, plus de deux ans s'étoient écoulez, ſans qu'il y eût eu aucun mouvement à ce ſujet,

Le Mandement par lequel le prétendu miracle operé ſur Anne le Franc eſt declaré faux, parut dans le mois de Juillet 1731. Peu après les Procès verbaux dreſſez en 1728. ſont tirez de l'obſcurité, où ils étoient reſtez pendant trois années. Le dixieme d'Août 1731. un inconnu les porte chez Savigny Notaire : le lendemain onziéme du même mois, le Pere Fouquet Prêtre de l'Oratoire paroît chez le même Savigny, & fait dresser un acte de dépôt de ces pieces.

Enfin, le treiziéme d'Août de la même année, 23. Curez de notre Diocèse nous firent rendte une requête, dans laquelle attribuant notre Mandement du 15 Juillet de la même année, à une surprise qu'ils disent avoir été faite à notre Religion, ils nous réquierent de recevoir les copies de cinq Procès verbaux, dressez (à ce qu'ils prétendent) par les ordres de feu M. le Cardinal de Noailles, sur cinq differens miracles, attribuez à l'intercession du sieur Pâris, dont quatre, disent-ils, sont prouvez avec évidence ; & de faire examiner d'une maniere canonique, les autres faits qui se sont operez, ou qui s'operent encore tous les jours, par l'invocation de ce Diacre.

Dans une seconde Requête qui suivit de près la premiere, les mêmes Curez réitererent la même demande, & nous requîrent de faire informer touchant treize autres guérisons miraculeuses, dont ils font l'énumeration, & offrent d'administrer les preuves &

les témoignages. Et pour nous faire mieux connoître l'esprit qui les faisoit agir, cette seconde Requête fut imprimée. dès le lendemain du jour qu'elle nous avoit été rendüe, sans avoir attendu notre réponse.

Nous vous l'avoüons, mes très-chers Freres, malgré la modération dont nous avons donné tant de preuves, nous ne pûmes nous empêcher d'être sensiblement touchez d'un procedé, qui outrageoit en notre personne tout l'Ordre Episcopal.

Rien de plus irrégulier qu'une telle conduite. Des Prêtres se liguent ensemble, malgré la disposition des Loix qui le défendent : ils osent approuver publiquement un culte, que leur Archevêque vient de défendre par un Mandement solemnel : ils lui font une demande qu'ils sçavent eux-mêmes ne devoir aboutir qu'à un dangereux éclat, qu'à soulever les esprits, & à augmenter les troubles dont le Diocèse est agité. L'objet de leur réquisition est étranger aux fonctions de leur ministere ; mais un zele ardent & peu mesuré les transforme en Promoteurs, & leur fait usurper une fonction qui ne leur appartint jamais. Non contens de critiquer avec indécence notre conduite, ils nous prescrivent

prefcrivent le jugement que nous devons porter, & femblent nous inter-
dire l'examen des faits, fur lefquels ils
demandent que nous prononcions. A
ces traits qui ne reconnoîtra une entreprife contraire à toutes les loix de
la fubordination & de la dépendance?

Si ces Curez avoient quelque peine
& quelques difficultez fur notre Mandement, & fur la maniere dont nous
nous étions expliquez, foit par rapport
aux miracles, foit à l'égard du culte
rendu au fieur Pâris, le refpect pour le
Caractere dont nous avons l'honneur
d'être revêtus, les Loix de la fubordination, le defir de maintenir la paix ne
les obligeoient-ils pas de nous faire,
fans affociation & fans éclat, des re-
prefentations aufquelles nous aurions
eû égard, fi elles avoient été juftes &
bien fondées? Mais on ne cherchoit
pas à découvrir la verité, & à maintenir l'ordre; & ces Requêtes prefen-
tées avec indécence, publiées avec
précipitation, imprimées contre les
loix de la Police publique, ne faifoient
que trop connoître que l'on vouloit
émouvoir les efprits, & nous rendre
odieux, en faifant croire qu'il y avoit
des miracles évidens que nous ne pouvions combattre; & que nous voulions
étouffer.   G

Des perfonnes dont nous eftimons les lumieres , nous prefferent d'employer notre autorité , pour reprimer une entreprife fi contraire à la fubordination , & nous ne pouvions improuver leur zele. Cependant les fentimens de la charité paftorale l'emporterent dans notre cœur fur toute autre confideration : nous crûmes que la douceur & la patience feroient peut-être plus efficaces pour faire rentrer les Curez en eux-mêmes , que les voyes d'autorité; & dans l'efperance que le tems & la réflexion leur feroient enfin comprendre toute l'indécence de leur procedé, nous nous déterminâmes au parti du filence , que nous garderions peut-être encore aujourd'hui , fi une nouvelle démarche de leur part ne nous forçoit à parler.

Dans un Ecrit imprimé , qui paroît fous leur nom depuis quelque tems , ils femblent nous reprocher notre filence; ils rappellent les deux Requêtes qu'ils nous adrefferent en 1731. & après avoir dit qu'il *étoit naturel de penfer* qu'elles nous *engageroient à approfondir la verité, ou la fauffeté de faits fi intereffans, qui nous étoient dénoncez par un fi grand nombre de Curez ,* ils ajoutent que nous avons *pris un parti tout différent , que* nous avons *gardé un profond silence* . & que leurs *deux Requêtes sont demeurées sans réponse* de notre *part*.

C'eſt ainſi qu'ils ne craignent pas de nous provoquer pour la troiſiéme fois par des Ecrits publics, à l'examen des Procès verbaux, qu'ils nous ont fait remettre en 1731. & des faits qui y ſont renfermez. C'eſt ainſi que notre modération & notre patience à leur égard, n'ont ſervi qu'à les rendre moins circonſpects, & qu'ils s'en prévalent en faveur des prétendus miracles.

Dans ces circonſtances, mes très-chers Freres, il ne nous eſt plus permis de nous taire : nous vous avons donné aſſez de preuve du deſir que nous avons de conſerver la paix, il eſt tems de faire uſage de notre autorité. C'eſt dans cette vûë que nous avons communiqué à notre Promoteur les Procès verbaux dreſſez en 1728. & par l'examen que nous avons fait des motifs expoſez dans la Requête qu'il nous a preſentée, nous avons reconnu. 1º. Que ces Procès verbaux ſont nuls dans leur origine, parce qu'ils ont été dreſſez, ou ſans Commiſſion ou en vertu d'une Commiſſion ſurpriſe & obreptice. 2º. Que, quand dans leur origine, ils auroient été revêtus des formes les plus ſolem-

-nelles, l'état dans lequel ils nous ont été préfentez, doit nous les faire regarder comme des pieces qui ne méritent aucun égard. Souftraits du dépôt où ils devoient être confervez, & livrez à des dépofitaires inconnus & fans caraétere, ils font devenus fufpeéts d'alteration & de changement. Séparez de la Commiffion qui en eft la bafe & le fondement, comme l'unique titre qui peut conftater quel étoit le pouvoir du Commiffaire, ce font des Aétes fans force, fans autorité, inutiles, anéantis, pour ainfi dire, & que nous fommes d'autant plus en droit de rejetter, qu'à s'en tenir au témoignage du fieur Ifoard Promoteur au tems de l'information, le fieur Thomaffin ne s'eft pas renfermé dans l'objet de fa Commiffion, & qu'il a vifiblement excedé les bornes de fon pouvoir.

Non-feulement ces procedures font défeétueufes dans la forme, mais elles font encore infuffifantes dans le fond, pour établir la verité des guérifons miraculeufes, aufquelles on dit qu'il ne manque que notre autorité, pour les publier folemnellement aux Peuples.

En examinant avec foin les témoignages qui regardent la guérifon de Pierre Lero, on eft forcé de reconnoître que cette guérifon n'a pas même l'apparence d'un vrai miracle ; puifque la maladie n'étoit point incurable, que le malade n'a été guéri que peu à peu, & dans un efpace de tems qui étoit plus que fuffifant pour une guérifon ordinaire & naturelle.

Il n'eft prouvé par l'information faite au fujet de la Demoifelle Orget, ni que fes infirmitez ayent perfeveré jufqu'au tems où elle eut recours à l'interceffion du fieur Pâris, ni que fa guérifon ait fuivi de près ce recours ; conditions néanmoins, fans lefquelles cette prétenduë guérifon ne fçauroit paffer pour un miracle. La malade eft à cet égard, à proprement parler, l'unique témoin qu'on puiffe nous citer ; témoin même très-fufpect ; & dont la dépofition ne peut par conféquent, pour plus d'une raifon, nous autorifer à propofer fa guérifon à nos Peuples comme furnaturelle & divine.

Deux autres obfervations font évanoüir le miracle. 1°. La Demoifelle Orget a fait ufage de certains moyens qui ont procuré à d'autres perfonnes affligées de la même maladie dont elle fe plaignoit, une entiere guérifon, ou un foulagement fi confiderable, qu'elles ne reffentoient plus aucune incommodité. La cause du changement qu'on a remarqué en elle, est donc très-incertaine & très-équivoque. 2°. Sa prétenduë guérison n'a pas été stable & perseverante. Elle ne doit donc pas, suivant la regle des Théologiens & des Canonistes, être regardée comme une guérison miraculeuse.

Qui osera deformais citer la Démoiselle de Laloe, comme une personne miraculeusement guérie par l'invocation du sieur Pâris? L'information suffit pour faire sentir, que le miracle prétendu operé en sa personne, n'a aucun fondement: mais les éclaircissemens qui ont été le fruit de nos recherches, & que d'autres voyes nous ont procurez, ont dévoilé pleinement l'imposture. L'aveu que cette fille en a fait elle-même par une déclaration & une lettre, écrites & signées de sa main, doit confondre & desabuser ceux qui osent soutenir encore aujourd'hui, que le miracle operé en elle, est un fait revêtu de tous les caracteres de certitude, que des faits humains peuvent acquerir.

Quant à la Demoiselle Mossaron, qu'apperçoit-on dans sa guérison qui caracterise un miracle divin? La maladie étoit naturellement guérissable:

& les premiers fuccès des remedes employez pour fa guérifon , fembloient promettre ce que la nature aidée par leur fecours , a operé dans la fuite. Quelle preuve d'ailleurs que cette guérifon ait été foudainement operée fur le tombeau du fieur Pâris ? Tout porte à croire qu'elle fut l'effet d'une révolution déja arrivée , lorfque la Demoifelle Moffaron alla à ce tombeau ; révolution capable de changer tout - à - coup l'état des perfonnes atteintes des mêmes infirmitez , dont il paroît que cette fille étoit attaquée.

Un grand nombre de témoins ont dépofé en faveur du prétendu prodige ; mais leur prévention & leur zéle aveugle, pour favorifer les miracles du Sr Pâris, font fenfibles , & décreditent leurs témoignages.

Quels foupçons d'ailleurs , mes trèschers Freres, ne répand pas fur toutes ces prétenduës merveilles la fauffeté averée de la guérifon de Jean Nivet, fourd & muet de naiffance ? Nous fçavons que le fieur Thomaffin a également informé au fujet de cette guérifon , & nous avons tout lieu de croire que cette information n'étoit pas moins concluante , que celles qui paroiffent aux vingt-trois Curez abfolument dé-

G iiij

cifives. Cependant la guérifon de Nivet eft fuppofée ; il eft aujourd'hui
fourd & muet, comme il l'a toujours
été. On ne peut donc tirer des informations faites par le fieur Thomaffin,
aucune conféquence en faveur des autres miracles, dont on nous demande
la publication.

Pour prévenir l'effet que cette information devoit naturellement produire, fi elle parvenoit à notre connoiffance, on la fait difparoître avant
que de produire les cinq autres. Mais
une fupercherie, qui prouve qu'on s'eft
cru tout permis dans le deffein qu'on
avoit formé, d'accrediter le nouveau
Culte, ne doit point nous ravir l'avantage, que nous tirerions de cette procedure, fi des mains infidelles ne l'a-
voient point fouftraite.

Ici, mes très-chers Freres, nous aurions bien lieu de relever avec force,
ce que dit au fujet de ces informations,
M. l'Evêque de Montpellier dans une
Inftruction Paftorale du premier Février 1733. Ce Prélat avance fans balancer, que les *quatre miracles* dont
nous avons parlé, ont été *conftatez juridiquement fous M. le Cardinal de
Noailles;* & cite les Requêtes des Curez, comme des pieces victorieufes

Inft. Paft. de 1733. pag. 12.

contre nous : il en triomphe ; & après
avoir dit qu'elles sont *demeurées sans
reponse* , il demande d'un ton insultant :
En faveur de qui ce silence parle-t-il ?

Jugez vous-mêmes , mes très-chers
Freres, d'un triomphe aussi vain que
précipité. C'est un Evêque à près de
deux cens lieuës de Paris , qui , sans
examen , se hâte d'annoncer comme
certains, des faits dont la vérité ne peut
être sûrement éclaircie , que dans les
lieux où ils se sont passez, qu'à la faveur du tems , & que par de longues
& exactes recherches. Tout ce qui a été
exposé par le Promoteur , doit vous
avoir convaincus , que l'appui qui paroissoit à ce Prélat si solide & si assuré ,
lui échape : qu'il ne peut tirer aucun
avantage de notre silence ; & qu'au lieu
de nous en faire un reproche , il lui eût
été avantageux de l'imiter.

Si en agissant avec la précipitation
qu'il eut desirée , nous avions proposé
à la créance des Fidéles , la prétenduë
guérison miraculeuse de la Demoiselle
de Laloe, quel piege pour les simples ,
quel triomphe pour les libertins, quelle
occasion pour les ennemis de l'Eglise ,
de tourner en dérision les jugemens
émanez de l'autorité Episcopale , enfin ,
quel sujet de reproche contre nous , de

la part de ceux qui ont à cœur l'honneur du sacré caractere dont nous sommes revêtus ?

Nous nous attendons que le Parti, forcé maintenant d'abandonner les prétendus miracles, dont le sieur Thomassin avoit informé, cherchera à se retrancher dans les treize, que les vingt-trois Curez nous avoient requis d'examiner, & dans ces autres que les mêmes Curez disent *intereſſer tous la gloire de Dieu, la Religion, le ſalut des Peuples, & en particulier l'Egliſe & la Ville de Paris.*

Mais si ceux qu'ils nous ont préſentez comme prouvez avec évidence; si ceux qu'ils aſſurent avoir paru à M. le Cardinal de Noailles, mériter une information juridique; si ceux enfin qu'ils prétendent devoir *ſervir de préjugez pour tous les autres,* portent sur l'illuſion, ou sur le menſonge : que devez-vous penſer, mes très-chers Freres, de ces faits qui ne ſont appuyez que sur des bruits populaires, ou sur des rélations dreſſées par des perſonnes ſans autorité, ſans caractere, & obſtinées, malgré nos défenſes, à faire valoir une dévotion de parti ?

Parmi ces guériſons qu'on a annoncées comme miraculeufes, combien en eſt-il, dont il feroit extrêmement facile de démontrer la fauſſeté, par l'application des Régles que les Théologiens ont établies en cette matiere ? Combien, qui ne font que des guérifons lentes de maux curables par l'art, ou par la nature; ou des guérifons imparfaites, fuivies de rechutes, & entiérement indignes de l'augufte nom de miracle divin ? Combien, qui n'ont paſſé pour furnaturelles, qu'à la faveur du filence qu'on a gardé fur la véritable caufe qui les avoit produites, & dont la gloire eſt dûë toute entiere à la nature ?

Il eſt même plufieurs de ces faits que l'on a publiez avec le plus de faſte & d'appareil, dont la fauſſeté eſt conſtatée par des preuves autentiques. En voici trois qui font particuliérement remarquables.

Le premier eſt celui qui regarde le ſieur le Doulx, & il tient le premier rang parmi les treize, dont les 23. Curez avoient requis l'examen, & fur lefquels ils fe difent encore *en état de nous donner tous les éclairciſſemens néceſſaires.* On a prétendu que ce jeune homme, qui demeuroit à la Communauté de Saint Hilaire, avoit été atta-

qué d'une maladie mortelle, pendant
laquelle on avoit été obligé de lui faire
recevoir le faint Viatique, & l'Extrê-
me-Onction. On a produit à ce fujet
des Certificats de Médecins & Chirurgiens, qui atteftoient la grandeur de
la maladie ; & on affure que le malade fut entiérement guéri par les reliques, & par une image du fieur Pâris.

Le fieur le Doulx a comparu devant
nous le 30. Mars 1732. & après avoir
prêté ferment de dire vérité, il nous
Piec juft. a déclaré juridiquement dans un Acte
p. 22. dépofé à notre Secretariat, `` que la
,, Rélation qu'il avoit dreffée autre-
,, fois, à la follicitation de plufieurs
,, perfonnes, & qui avoit été corrigée
,, plufieurs fois par le fieur Verger Cha-
,, noine de Tours, ne contient point
,, vérité. `` Il reconnoît la faute qu'il
,, a faite en publiant un faux miracle :
,, la maladie que j'ai euë, dit-il, n'ayant
,, été qu'un fimple rhume, accompa-
,, gné d'une migraine à laquelle je fuis
,, fort fujet ; & n'ayant jamais eu pen-
,, dant les trois jours que dura ledit
,, rhume, ni point de côté, ni ho-
,, quet, ni perte de connoiffance. ``
(Ce font les maux dont les Maîtres
de l'art fuppofoient, qu'il avoit été

attaqué.)¹ « Mon plus grand mal ,
„ ajoûte-t-il, consistoit dans les dou-
„ leurs de tête que causoit ma mi-
„ graine.

C'est ainsi que rien n'est sacré , lorsqu'il s'agit d'un interêt de Parti : on
ne fait point scrupule de certifier qu'un
mal leger est une maladie mortelle ;
& , contre toutes les régles , pour une
incommodité legere & sans danger, on
fait recevoir le saint Viatique & l'Ex-
trême-Onction ; & on employe ainsi
les Sacremens même à accréditer l'imposture.

Envain les Partisans des miracles du
tems s'efforcent-ils de rendre suspecte
la déclaration du sieur le Doulx : tout
ce qu'ils peuvent alléguer contre cet
Acte , retombe sur sa Rélation en faveur du miracle. D'ailleurs, comment
peut-on soupçonner de mensonge ce
qu'il nous a attesté avec serment ? Est-
il croyable qu'un homme rappellé des
portes de la mort par miracle , & par
un coup de la Toute-puissance de Dieu ,
fût assez aveugle & assez hardi, pour
désavoüer autentiquement le bienfait
du Ciel, & pour déclarer que ce qu'on
a débité à ce sujet, est une imposture
dont il a été lui-même complice ?

Le second fait dont nous avons à

vous parler, mes très-chers Freres, plus célébre encore que le premier, & qui est aussi du nombre des treize, dont les vingt-trois Curez avoient offert *d'administrer toutes les preuves*, est celui de Don Alfonse de Palacios.

Dans une Rélation imprimée, on a avancé que ce jeune Espagnol, qui demeuroit au College de Navarre en 1731. & qui après avoir perdu un œil à l'âge de douze ans, avoit encore une fluxion considérable sur l'autre, fut guéri de cette fluxion par une neuvaine faite à M. Pâris, à la fin de laquelle on lui avoit appliqué un morceau de la chemise de ce Diacre. Cette guérison miraculeuse, dont toute la Ville de Paris a retenti, paroissoit confirmée par un certificat du sieur Gendron.

Mais la procédure faite en Espagne à cette occasion, & dont l'original est déposé à notre Greffe, ne laisse aucun doute de la supposition, & de la fausseté de ce miracle. Il est prouvé par cette procédure, que l'œil qu'on assuroit être miraculeusement guéri, n'est point guéri ; qu'il a toujours été foible, & sujet aux mêmes fluxions ; qu'il s'affoiblit chaque jour : que le jeune homme, depuis même son retour en Espagne, s'étant appliqué, a eû fur cet œil une fluxion auffi confidérable que celle qu'il avoit euë à Paris, & qu'il en a été incommodé toutes les fois qu'il a voulu s'appliquer. Ces faits font atteftez par des témoins très-dignes de foi, Don Manuel de Palacios Aumônier de Sa Majefté Catholique, Don Alfonfe de Palacios lui-même, & un habitant de Madrid, ami de Don Alfonfe dès fa tendre jeuneffe.

Que cet exemple vous faffe comprendre, mes très-chers Freres, que la prudence dicta la réfolution que nous prîmes, d'être fourds aux clameurs des Partifans du nouveau culte, & d'attendre en paix que la vérité vînt percer les nuages. Qu'il vous couvainque, ainfi que celui du fieur le Doulx, que c'eft bien témérairement que les 23. Curez auteurs des Requêtes, s'étoient engagez, & s'engagent encore aujourd'hui, à adminiftrer toutes les preuves, & à fournir tous les éclairciffemens néceffaires pour la vérification des treize miracles.

Le troifiéme exemple que nous choififfons parmi les autres prétendus prodiges, que les Rélations ont annoncez, & celui dont M. de Montpellier affure, qu'il *doit répandre fur tous les au-* Inft.Paft. de 1733. p. 40.

tres le dernier degré d'évidence , c'eſt l'accident arrivé à la veuve de Lorme ſur le tombeau du Diacre de S. Medard. Quel éclat dans Paris à l'occaſion de cette femme ! On publia partout qu'elle étoit allée par dériſion à ce tombeau , & qu'elle y avoit été frappée ſoudainement d'une paralyſie, pour venger l'honneur du Saint outragé. Cependant , aux yeux de tous ceux qui ne ſont point livrez à une prévention ſans retour, il n'y avoit pas ombre de miracle.

La veuve de Lorme , en entrant à l'Hôtel-Dieu , & même après ſon entrée , avoit déclaré à pluſieurs Eccléſiaſtiques, qu'étant allée au tombeau du ſieur Pâris , pour y trouver du ſoulagement aux maux qu'elle avoit, & ſans eſprit de dériſion , elle étoit tombée dans l'accident où on la voyoit. Deux Chanoines de notre Egliſe, * recommandables par leur ſageſſe & leur probité , avoient interrogé la malade ; & elle avoit répeté en leur préſence, la déclaration qu'elle avoit faite en entrant. Le Procès verbal de ſes réponſes qu'ils dreſſérent alors , qu'ils ſignérent, & qu'ils nous remirent, détruiſoit abſolument le fondement du prodige. Mais le Parti vouloit faire un

* M. Goulard Archidiacre , & M Courcier Théologal. Piec. juſt p. 32. & 33.

miracle de punition , d'un accident
tout naturel , & d'autant moins fur-
prenant , que cette femme , la nuit
qui avoit précédé fon voyage à faint
Medard , s'étoit trouvée incommo-
dée.

Elle devient donc le fpectacle de tout
Paris ; on accourt de toutes parts pour
faire parler une malade, dont la tête
& la langue étoient également embar-
raffées ; on lui fuggere des déclarations ;
un Prêtre fon Confeffeur en dicte une
lui-même pardevant Notaires , qu'il
dit que la malade, qui ne pouvoit ar-
ticuler , l'a chargé de faire pour elle ;
rien n'eft omis pour faire un prodige
propre à infpirer une terreur , qui ne
permettroit plus de méprifer le crédit
du Diacre de faint Medard , & la vertu
de fon tombeau.

Le concours affecté d'une infinité
de monde au lit de la malade, obligea
le gouvernement à la tirer de l'Hôtel-
Dieu, pour la placer dans une maifon
Religieufe, où on lui a fourni tous les
fecours que la charité peut infpirer ; &
où la malade renduë à elle-même, &
délivrée de ceux qui l'obfedoient , a
déclaré avec ferment , en préfence d'un
de nos Vicaires généraux , qu'elle n'a-
voit jamais ni mal parlé, ni mal penfé.

du fieur Pâris ; qu'elle n'avoit point été au tombeau de ce Diacre pour fe mocquer ; que la nuit qui précéda fon voyage à faint Medard, elle avoit eû une attaque fâcheufe ; qu'une Dame qu'elle nomme, la follicita de ne rien dire de cet accident ; & que, quand on lui demandoit fi elle avoit été au tombeau du fieur Pâris par dérifion , une perfonne dont les foins lui étoient utiles & néceffaires , lui fuggeroit de répondre , *oüi*. Elle a déclaré encore que les faits énoncez fous fon nom par le fieur Chaulin dans l'Acte parde-vant Notaires , *ne font pas conformes à la vérité ; & qu'elle ne l'avoit point prié d'en faire la déclaration en fon nom, n'étant point alors en état de faire une pareille réquifition , ni même d'y penfer.* Déclaration qui mérite d'autant plus de créance, qu'elle s'accorde avec celle qu'elle avoit faite d'abord à fon entrée à l'Hôtel-Dieu , & qu'elle avoit ré-petée depuis , aux deux Chanoines Vifiteurs, & à quelques Prêtres de cette Maifon.

Piec. juft. p. 42.

Apprenez, mes très-chers Freres , de ces exemples, quelle foi vous de-vez ajoûter à ce que les défenfeurs des miracles du tems en racontent, & combien leurs atteftations font peu di-gnes de créance.

Vous le comprendrez encore mieux, lorſque vous aurez fait réflexion aux défiances que beaucoup d'Appellans ont marquées ſur la vérité de ces miracles. Vous ne pouvez ignorer ce que penſent des guériſons miraculeuſes accompagnées de convulſions, les trente Docteurs qui ont ſigné la Conſultation, & entre leſquels il ſe trouve pluſieurs Docteurs * du nombre des 23. Curez. *Il n'eſt pas*, diſent-ils, *raiſonnable de croire des faits de cette importance & ſi extraordinaires, ſur des bruits populaires, & ſur les ſeuls rapports de perſonnes intereſſées par des engagemens pris dès le commencement & ſans examen, & portées par leur pente pour le merveilleux, à convertir en miracles tout ce qui a un caractere ſingulier & extraordinaire.*

Telle eſt l'idée qu'ils nous donnent de ces miracles, & de leurs défenſeurs, dont le genie & le caractere leur doivent être parfaitement connus. Mais, ſi les Appellans Convulſioniſtes ne méritent pas qu'on ajoûte foi à leur rapport ſur les miracles accompagnez de convulſions, pourquoi, mes très-chers

Conſult. p. 22.

* Les ſieurs Thomaſſin Curé de S. Pierre des Arcis, Goy Curé de ſainte Marguerite, Bence Curé de S. Roch, Charpentier Curé de S. Leu, Secouſſe Curé de S. Euſtache.

Freres, aurions-nous plus de confiance dans les Appellans non Convulſioniſtes, lorſqu'ils nous atteſtent des miracles operez ſans convulſions ? N'ont-ils point pris des engagemens ſur ce ſujet ? n'ont-ils pas interêt à accréditer ces ſortes de miracles ? n'avons-nous vû dans les défenſeurs de l'Appel, du penchant pour le merveilleux, qu'en matiere de convulſions ?

Ce que ces Docteurs penſent des miracles accompagnez de convulſions, d'autres Partiſans de l'Appel l'ont penſé de tous les miracles en général attribuez au ſieur Pâris. On ſçait que le feu ſieur Abbé Duguet, le plus célébre d'entr'eux, doutoit s'il y avoit aucun de ces miracles qui fût véritable. Les Panégyriſtes des convulſions ne l'ont pas ignoré ; ils en ont fait des plaintes ameres ; & l'Auteur d'un Ecrit fait au ſujet de la Conſultation des trente Docteurs, après s'être objecté *une lettre du célébre M. Duguet, dont les trente Docteurs s'autoriſent,* répond *qu'il rejettoit les convulſions, mais qu'il étoit trop indifférent pour les miracles, & qu'on ne peut regarder comme un avantage, de penſer comme lui ſur ces deux points.*

Cette diſpoſition à l'égard de ces

Expoſit. du ſentim. de pluſ. Théolog. défenſeurs légitimes de l'œuvre des Convulf. & des Miracles, &c. p. 11.

miracles prétendus, n'étoit pas parti-
culiere au sieur Abbé Duguet. Combien de Théologiens dévoüez à la même cause que lui, n'avoient-ils pas
manifesté leurs inquiétudes à ce sujet?
On vit même il y a plus de deux ans,
paroître un Ecrit, où l'un d'eux pro-
fessa hautement qu'il *ne prétendoit point
soûtenir ces miracles.* Triste déclaration
pour le Parti. M. de Montpellier s'en
est plaint avec amertume, & les défenseurs des miracles du sieur Pâris, en
ont été consternez.

*Lettre de
M. à M.
au sujet
de l'Ecrit
intitulé :
Coup
d'œil,
&c. p. 4.
& 5.*

Enfin, les reproches faits pas les
Convulsionistes aux Appellans ennemis des convulsions, de leur refroi-
dissement visible sur les miracles, même operez sans convulsions, font une
preuve bien sensible, que les plus
éclairez du Parti sont fort éloignez
de regarder les miracles du sieur Pâris, avec les mêmes yeux que les
vingt-trois Curez semblent les regarder encore aujourd'hui ; & qu'il y a
lieu par conséquent d'en concevoir
une grande défiance.

Le motif qui a causé ce refroidisse-
ment pour les prétendus miracles de ce
Diacre, dans des personnes interessées
en tout sens à les soûtenir, doit même, mes très-chers Freres, vous en

inspirer le plus grand mépris. Ce motif, est la liaison qu'ils ont avec l'œuvre des convulsions ; œuvre indécente, scandaleuse, fanatique, & qui a justement excité la vigilance & le zele du ministere public.

Il est constant que c'est faire une grande injure à Dieu, de lui attribuer ce qui se passe dans l'indigne spectacle que cette œuvre nous presente. Plusieurs Ecrivains ont démontré qu'un grand nombre de ces convulsions ne font que des fourberies ; qu'un grand nombre d'autres sont de vraies maladies : & les Partisans de cette œuvre n'ont osé le nier. Ils veulent seulement qu'on en reconnoisse d'un genre très-different : ils assurent qu'il y en a beaucoup, où l'on voit des traits évidemment supérieurs à ce que l'imposture peut feindre, & à ce que la nature peut operer: agitation étonnantes, discours sublimes dans la bouche de personnes simples, révelations, prédictions, coups meurtriers multipliez sans accident, guérisons operées par le moyen des convulsions, & par le ministere des Convulsionnaires ; ce sont autant d'évenemens extraordinaires, où il leur paroît que le surnaturel se manifeste. Ceux des Appellans qui combattent cette œuvre, soutiennent avec raison, que ceux qui en sont les apologistes, en exagerent beaucoup le merveilleux ; & ajoutent que posé la verité de certains faits ; qu'ils croyent ne pouvoir être révoquez en doute, il y en a qui viennent nécessairement d'une cause extérieure, & supérieure à tout le pouvoir des hommes, c'est-à-dire, selon eux de la puissance du Démon.

Sans entrer, mes très-chers Freres, dans aucune discussion sur la vérité de ces faits, il nous suffit de vous déclarer qu'ils ne sçauroient être attribuez à l'opération divine. Rapporterons-nous à Dieu ces discours furieux, injurieux à toutes les puissances, pleins de l'esprit de schisme, de sédition & de révolte, dont on a eû la témerité d'imprimer des Recueils, ces discours prononcez, de l'aveu même de leurs admirateurs, dans l'alienation d'esprit, mêlez d'énonciations fausses, d'erreurs dans le Dogme & dans la Morale ? Dirons-nous que ce soit Dieu, qui empêche l'effet de ces opérations meurtrieres, soutenuës, dit-on, une infinité de fois sans accident ; mais ausquelles on n'a pû consentir, soit en s'en rendant le sujet, soit en y prêtant son ministere, sans tenter le Seigneur, & par

conséquent sans se rendre coupable
d'un très-grand crime ? Penserons-nous
que l'Etre infiniment Saint, employe
pour l'opération de ses miracles, des
personnes deshonorées par leurs débau-
ches., ou qui dans le tems qu'elle les
operent, tombent dans des indécences
capables de faire rougir les plus libertins ? Non., mes très-chers Freres, on
ne peut attribuer à l'Auteur de toute
sainteté, des guérisons qui naissent,
pour ainsi dire, du sein de l'infamie,
& du milieu de ces scenes scandaleuses,
dont la honte réjailliroit sur son œuvre :
il faut les abandonner au Démon, supposé néanmoins qu'elles soient réelles,
& que la nature n'en soit pas le véritable principe.

Si vous jettez encore les yeux sur
quelques autres traits de la conduite
des Convulsionnaires, que de nouveaux
motifs pour vous convaincre que ce
n'est pas Dieu qui les envoye, que ce
n'est point son esprit qui les anime !
Quelle témerité dans ces fausses Pro-
phétesses, qui se sont ingerées d'imposer les mains, d'exercer les fonctions
hierarchiques, de representer les céré-
monies les plus augustes de nos Myste-
res ! Quel orguëil dans celles qui osent
prononcer, comme inspirées de Dieu,

sur

fur le fort des hommes après leur mort; qui obligent des Prêtres à fe mettre à genoux devant elles, écoutent la confeſſion de leurs fautes fecretes, reglent leur pénitence, & le tems de leur reconciliation !

Combien de fecours obſcenes exigez par les Convulfionnaires, & que les fpectateurs n'ont pas eu honte de leur donner ! combien de puerilitez, de folies, d'actions contraires à la modeftie & à la pudeur, de crimes enfin qui ont été commis dans leurs affemblées !

Arrêtons-nous, mes très-chers Freres, n'entrons point dans un plus grand détail des miferes & des horreurs, dont cette œuvre fanatique eft foüillée & compofée : le bruit public vous en a affez inftruits, & peut-être n'en avez-vous que trop appris par vous-mêmes. Mais de ces faits certains ne conclurez-vous pas avec nous, que ce feroit blaf-phemer contre Dieu, que de lui attribuer un œuvre qui porte de tels caracteres ?

C'eft ce qu'en ont conclu les Auteurs de la Confultation. Aucune des merveilles qu'on dit avoir accompagné les convulfions, ne les arrête : révelations, difcours, agitations, miraculeufes gué-

H

rifons , &c. ils méprifent tout, ils condamnent tout, ils foutiennent que tout
n'eft qu'un jeu de la nature, de l'artifice , ou du Démon. *Quand on y réflé-
chit férieufement , (aux convulfions)
on ne peut , difent-ils , demeurer en fuf-
pens. Tout reclame contre. La Majefté de
Dieu , la fainteté de fon culte , l'honneur de l'Eglife , la pureté des mœurs,
l'honnêteté publique , le bon ordre, le main-
tien des Regles exigent de tous ceux qui
s'intereffent au bien de la Religion , qu'ils
concourent avec zele , autant qu'il eft en
eux , à faire ceffer un fcandale qui a
duré trop long-tems , & une illufion qui
ne peut avoir que des fuites funeftes. Les
convulfions , ajoutent-ils , ne font point
l'œuvre de Dieu; & ce prodige de nos jours,
autorifé par un admiration mal placée,
doit être livré à tout le mépris qu'il mérite. Puiffe-t-il , difent-ils en finiffant ,
être à jamais oublié !*

Prions le Pere des mifericordes, le
Dieu de toute confolation, que ce premier pas qu'ils ont fait vers la vérité,
les en rapproche entierement ; qu'ils
ayent le courage de quitter un Parti,
qui fe foutient par des moyens dont ils
fentent toute l'indignité ; & qu'en fe
foumettant pleinement aux décifions
des premiers Pafteurs, ils fe mettent en

Confult.
p. 29.

état de confoler & de fervir l'Eglife par leurs lumieres & leurs talens.

On ne peut donc regarder Dieu comme auteur de l'œuvre des convulfions. Or cette indigne œuvre tient inféparablement à celle des nouveaux miracles. On n'en douta point d'abord : non-feulement quelques Appellans jugerent *que les convulfions étoient fi étroitement unies avec les miracles, qu'on ne pouvoit en appercevoir la couture* ; mais tous les autres le crurent de même. *Ils fuivirent le torrent*, dit un de leurs plus habiles Ecrivains, ils *fe laifferent aller fans peine à porter le même jugement, que prefque tout le monde en portoit.*

Obferv. fur l'origine & le progrès des Convulfions, p. 5.

Si plufieurs d'entr'eux ne conviennent plus aujourd'hui de cette liaifon, l'impoffibilité d'une part, de perfifter dans la défenfe des convulfions, fans fe deshonnorer, & fans renverfer les regles de la Religion ; & de l'autre, l'interêt qu'ils ont à foutenir les miracles, ont été la caufe de cette variation. Mais nous efperons que cette illufion, refte de leurs anciens préjugez, ne fera pas de durée ; & que reconnoiffant de nouveau combien les miracles tiennent aux convulfions, ils abjureront publiquement les uns comme les autres.

H ij

Cette liaison est en effet trop sensible, pour qu'après de sérieuses réflexions, on puisse la contester de bonne foi. Les convulsions n'ont-elles pas la même origine que les miracles ? Ne sont-elles pas nées comme de leur sein? N'en ont-elles pas, dit-on, produit à leur tour un grand nombre ? Ne sont-elles pas le fruit d'un même culte ? Ne tendent-elles pas à la même fin ? N'ont-elles pas eû les mêmes suites, & occasionné les mêmes effets ?

Observez, mes très-chers Freres, que pour nier la liaison des miracles avec les convulsions, il faut, dans le sentiment de ceux que nous combattons, soutenir la distinction de deux sortes de miracles arrivez au Tombeau du sieur Pâris, les uns divins, les autres diaboliques. Etrange extrêmité ! Dieu & le démon regneroient donc, pour ainsi dire, sur le même trône ? Ils feroient tour à tour des merveilles qui concourroient au même objet, & à la même fin ? Une même invocation attireroit de la part de Dieu, & de celle du Prince des ténebres, des effets extraordinaires ; & l'on seroit exposé à tous momens, à confondre l'œuvre divine avec l'opération de Satan ? Conséquence qui répugnent à tous les principes de la Religion.

Les convulfions étant donc jugées indignes de la main de Dieu, n'héfitons pas à prononcer qu'on ne peut lui attribuer les guérifons que l'on dit être arrivées, ou par des convulfions, ou fans convulfions, à l'occafion du même culte.

A cette raifon fi décifive, nous joindrons un principe fupérieur & fondamental, qui vous oblige, mes trèschers Freres, à rejetter tous ces miracles, fans difcuffion même & fans examen. Ce principe eft, que nul prodige qui combat l'autorité des Pafteurs, ou la doctrine qu'ils enfeignent, ne peut venir de Dieu, qui n'eft point contraire à lui-même, & qui ne peut renverfer ce qu'il a édifié. D'où il fuit que le prodige en ce cas eft un faux prodige, ou qu'il ne peut être attribué qu'au Démon, qui fait tous fes efforts pour nous écarter de la voye que Dieu nous a prefcrite.

La regle d'où nous tirons cette conféquence, avoit été établie pour l'ancienne alliance ; & elle doit être encore plus refpectée dans la nouvelle, qui *eft* *fondée fur de meilleures promeffes,* & dont Jesus-Christ eft le Médiateur. *Aux Hebr. ch. 8. verf. 6.*

Comme nous ne devions pas toujours joüir de la prefence vifible de ce

Divin Maître, prêt à quitter la terre pour retourner à son Pere, il a pourvû à notre foiblesse, en donnant aux Pasteurs toute l'autorité nécessaire pour nous enseigner, & pour nous conduire. En envoyant ses Apôtres & leurs Successeurs instruire toutes les Nations, il les revêt de la puissance qu'il avoit reçûë de son Pere ; il les met, pour ainsi dire, à sa place ; il nous ordonne de les écouter comme lui-même ; il déclare que celui qui ne les écoutera pas, doit être regardé comme un Payen & un Publicain ; & pour unir tous les membres de cette Société sainte, il donne à ces Pasteurs un Chef visible, préposé pour affermir la foi de ses Freres, & auquel ils doivent tous avoir rapport, comme au centre de l'unité Catholique.

Ce ministere que JESUS-CHRIST établit dans son Eglise, n'est point seulement pour un tems, comme celui de l'ancienne Loi, auquel un ministere plus excellent devoit être substitué : celui-ci est perpétuel ; il ne doit point souffrir d'affoiblissement & d'interruption ; nul tems où l'on ne doive y avoir recours ; il est indéfectible & pour tous les jours. *Allez*, leur dit JESUS-CHRIST, *enseignez toutes les Na-*

S. Matth.
28. verf.
20.

t:ons ; je suis avec vous jusqu'à la con-
sommation du siecle.

La conservation des véritez que
Jesus-Christ a apportées sur la terre,
est le grand objet du zéle & de l'attention du ministere qu'il a institué.
Ce divin Sauveur a enseigné à ses Apôtres toutes les véritez dont ils devoient
instruire l'Univers. Ceux-ci les ont
transmises à leurs Successeurs, qui
chargez de ce précieux dépôt, l'ont
fait passer jusqu'à nous sans alteration
& sans changement ; & le Fidéle, en
vertu des promesses de Jesus-Christ,
trouve toujours dans leur enseignement commun, ce qu'il doit croire, &
ce qu'il doit pratiquer.

Quelque scandale que puisse causer l'hérésie, à quelque tentation que
le demon par ses prestiges puisse exposer notre foi ; nous trouverons toujours dans l'autorité des premiers Pasteurs, un asile assuré contre toutes ces
attaques.

Il s'élevera des hérésies, comme
Jesus-Christ l'a prédit, & comme
on l'a vû dans tous les siécles depuis
la naissance du Christianisme. La foi
sera combattuë ; l'erreur tâchera de
corrompre la pureté de nos dogmes,
& pourra faire du progrès : mais elle

ne prévaudra point. Le Corps des Pasteurs, uni à son Chef, est revêtu d'une autorité suprême pour dissiper tous les doutes, pour définir toute vérité, pour condamner toute erreur.

Le Sauveur nous annonce un scandale encore plus grand, & une épreuve plus dangereuse. Il nous avertit qu'il *S Matth. 24. vers. 24.* s'élevera de faux Christs & de faux Docteurs, qui feront des signes & des prodiges capables d'induire en erreur les Elûs mêmes, s'il étoit possible. Voilà le plus grand effort de l'Enfer contre l'Eglise, & contre la vérité qu'elle enseigne. L'Apôtre saint Paul *II. aux Thessal. 2. vers. 3. & 9.* nous prédit le même péril, lorsqu'il nous annonce que dans les derniers tems, l'homme de péché qui s'éleve au-dessus de Dieu, paroîtra avec toutes les operations d'erreur, avec tous les signes de la puissance de Satan.

JESUS - CHRIST ne sera pas alors d'une maniere visible avec ses Disciples, pour les soutenir contre une tentation si redoutable, mais il ne les laissera pas sans préservatif & sans res- *AuxHeb. 13. v. 8.* source *Il étoit hier, il est aujourd'hui, & dans tous les siécles.* Le ministere qu'il a établi, conservera éternellement son autorité, & suffira toujours pour nous garantir des piéges de l'erreur & de l'Enfer.

Si les faux Docteurs vous proposent donc un nouveau Christ, une nouvelle Eglise, une autre Regle de votre croyance, que le Jugement des Successeurs des Apôtres; quelques prodiges qu'ils operent pour autoriser ce qu'ils enseignent, *nolite credere*; n'ajoutez point foi à leurs discours. Le Christ est venu, & nous ne devons point en attendre un autre: il n'y a point un autre Evangile que celui qui nous a été prêché; il n'y a point d'autre Regle de notre foi, que celle qui nous a été prescrite, lorsque le Sauveur nous a commandé d'écouter les Pasteurs qu'il a substituez à sa place. Regle immuable & pour tous les tems; Regle superieure à la voix même & à l'autorité des prodiges.

S. Matth. 24 v. 26.

En effet, Jesus-Christ nous a précautionnez contre la tentation des miracles trompeurs; il nous a mis en garde contre les signes & les prodiges des faux Christs & des faux Prophétes: mais il ne nous a jamais précautionnez contre les instructions & les décisions du Ministere: il n'a jamais dit qu'il y auroit des tems, où ce même Ministere seroit tellement affoibli ou obscurci, qu'il ne faudroit plus s'en rapporter à l'enseignement commun.

H. v

des Pasteurs. Sur quoi, mes très-chers Freres, peut être fondée cette diffé-rence, si ce n'est, parce qu'il peut y avoir des prodiges qui nous induisent en erreur ; au lieu que, suivant les pro-messes de Jesus-Christ & par l'assis-tance qu'il a promise à son Eglise, il est impossible que l'enseignement commun des Successeurs des Apôtres se tourne jamais en piége, & devienne pour nous une occasion d'erreur.

Quand la vérité, dit M. de Mont-pellier, *n'a plus la liberté de paroitre, les hommes ne parlant plus de la vérité, la vérité doit parler elle-même aux hommes.* C'est-à-dire, dans le sens de ce Prélat, qu'il est des tems malheu-reux, où il faut que Dieu par un moyen extraordinaire supplée au défaut des premiers Pasteurs, devenus prévarica-teurs & infidéles.

Nous sommes effrayez, mes très-chers Freres, d'un principe qui anéan-tiroit les promesses du Fils de Dieu. Elles s'étendent à tous les tems, & à tous les jours : *Enseignez*, dit-il à ses Apôtres & à leurs Successeurs ; *& voici, je suis avec vous tous les jours jusqu'à la consommation du siécle.* Point de tems par conséquent, où l'autorité du Corps des Pasteurs unis à leur Chef,

puisse favoriser l'erreur , & abandonner la vérité ; point de tems où nous
soyons dispensez de les écouter ; point
de tems où il nous soit permis d'op-
poser des miracles à leur jugement.
Les Hérétiques seuls se sont crûs en
droit de le faire ; nul Catholique dans
aucun tems ne l'a fait. Dans tous les
lieux & dans tous les siécles , les questions ont été terminées par l'autorité
de l'Ecriture & de la Tradition, inter-
pretées par le Corps des premiers Pasteurs. La voix de ces Pasteurs sera
donc toujours celle de la vérité ; & indépendamment de tout examen , il
faudra toujours rejetter , comme ne
pouvant venir de Dieu , tout prodige
qu'on publiera avoir été operé pour
la contredire.

Cependant, quelle est la destination
des prétendus miracles attribuez au
sieur Pâris ? Vous le sçavez , mes très-
chers Freres , on ne cesse de dire que
dans l'intention de celui qui en est
l'auteur, ils sont faits pour vous dé-
tourner de vous soumettre à une décision émanée du Chef & du Corps des
premiers Pasteurs ; pour vous persuader que les Successeurs des Apôtres
ont trahi, abandonné, proscrit la vérité ; & qu'elle n'a plus parmi eux que

H vj

quatre ou cinq défenseurs. C'est, fi l'on en croit M. de Montpellier, parce que *la mauvaise cause est aujourd'hui foutenuë par les plus redoutables appuis*, (le Pape & les Evêques,) *que Dieu éclate enfin par des miracles , & rend témoignage à la vérité par des effets merveilleux de fa Toute-puiffance.*

La voix des prétendus miracles qu'on vous vante, contredit donc celle des Pafteurs prépofez par JESUS-CHRIST pour enfeigner toute vérité ; elle autorife ce qu'ils condamnent, & tend à faire rejetter ce qu'ils prefcrivent. En faut-il davantage, fi l'on fait attention aux maximes de l'Evangile, pour placer tous ces prétendus prodiges au rang des impoftures, ou de ces fignes trompeurs que JESUS-CHRIST a prédits, & contre lefquels il nous a avertis de nous tenir en garde ?

Les effets qu'ont produit ces prétendus miracles , n'ont malheureufement que trop de rapport avec la fin à laquelle on dit qu'ils font deftinez. Quels defordres ne vous rappellez-vous pas , mes très-chers Freres , dans ce moment ? Depuis qu'on a perfuadé au peuple que Dieu, par cette voye extraordinaire , condamne le jugement dés Pasteurs, le respect pour le Chef visible de l'Eglise, & pour le caractere sacré des Evêques, s'affoiblit de plus en plus ; chaque jour l'indépendance fait de nouveaux progrès ; l'esprit particulier, source de toutes sortes d'illusions, se glisse & s'enracine ; la licence contre les Pontifes regne dans les discours ; on apperçoit dans les cœurs des dispositions, qui semblent nous annoncer des suites encore plus fâcheuses. Si, selon la parole de la vérité même, l'arbre se reconnoît à ses fruits, jugez par tant de pernicieux effets, quelle idée vous devez avoir des miracles qui les ont produits.

En vain nous diroit-on que ces merveilles ont contribué à la conversion de plusieurs personnes engagées fort avant dans le monde ? N'assure-t-on pas de même, que les convulsions ont servi à des conversions aussi éclatantes ? Et cependant ce qu'il y a de plus éclairé parmi les Partisans de l'Appel, n'hesite pas à attribuer toutes ces convulsions à l'imposture, à la maladie & au démon.

Au reste, s'il a paru en quelques-uns plus de regle dans les mœurs, n'y a-t-on pas vû en même tems un esprit d'indocilité & de révolte contre les Pasteurs , un mépris marqué pour ceux qui font revêtus du caractere le plus respectable ? Ces personnes prétendues converties, n'ont-elles pas entrepris de décider les questions qui agitent l'Eglise ? Ne se font-elles pas érigé un Tribunal, où elles ont jugé les Juges même de la Foi ? N'ont-elles pas opposé les miracles aux décisions du S. Siége, & à l'acceptation du Corps Episcopal ? Le Prince des ténébres ne s'opposera point à des conversions sur les mœurs , qui feront jointes à de telles dispositions sur la doctrine ; on n'est pas moins dans ses fers par l'orgueil , par l'indocilité pour les Pasteurs, & par le mépris de leur autorité, que par la corruption du cœur, & le libertinage des mœurs.

Comment d'ailleurs ose-t-on nous vanter les heureux effets de ces Miracles , qui en donnant naissance aux convulsions , ont occasionné tant de desordres , & ont même fait revivre en quelque façon, ces sectes infâmes, qui dans les premiers siécles firent tant d'horreur à nos Peres, & celles dont la prétenduë réforme des Protestans a tant de fois rougi ?

Cependant qui auroit pû le croire ? On a osé comparer ces odieux mira-

cles , avec les prodiges que nous ré-
verons comme les fondemens inébran-
lables de la Religion , avec ceux de
Jesus-Christ même. Parallele scan-
daleux, auquel l'incrédulité a applaudi
avec joye , & que la piété éclairée a
regardé comme un blasphême.

Ceux qui donnent dans un tel excès , ignorent-ils donc que les miracles du Sauveur écrits & publiez par
les Apôtres , font partie de la révé-
lation divine , & font tout à la fois
le fondement & l'objet de notre foi,

Mais indépendamment de cette réflexion , qui fait d'abord disparoître
le parallele, quel aveuglement en premier lieu , de comparer les miracles
du sieur Pâris avec ceux du Sauveur ,
par rapport à la certitude des faits , &
à l'autorité des témoins qui les attestent ?

Oublions, si on le veut , que des
hommes grossiers, sans esprit cultivé ,
sans habileté, sans éloquence , tels
qu'étoient les Apôtres, étoient manifestement incapables de former un sis-
tême de faits fabuleux , si beau, si
juste, si précis, si bien soutenu, où
l'art des plus habiles auroit infaillible-
ment échoüé. Oublions encore, que loin
qu'aucun motif humain dût les exciter

à ſuppoſer fauſſement , que JESUS-
CHRIST avoit operé les merveilles que
l'Evangile raconte , il étoit viſiblement
de leur interêt , s'il ne les avoit pas
operées , de l'abandonner , de le haïr ,
de le décrier comme un impoſteur , qui
les auroit expoſés à devenir les victi-
mes de ſes orguëilleux projets. Circonſtances qui écartent toute compa-
raiſon entre les premiers Prédicateurs
de l'Evangile , & ces hommes également habiles & intereſſez à faire valoir les prétendus miracles qu'ils publient. Voici des réflexions plus déci-
ſives encore contre les Auteurs du Parallele.

Au lieu que les Défenſeurs des miracles du tems varient ſouvent , & ſe
contrediſent les uns les autres dans leurs
diſcours & leurs écrits ; jamais on n'entendit un Apôtre ſe démentir dans ſon
témoignage, ou contredire celui des
autres Apôtres. Toujours , en tout
lieu , & devant toutes ſortes de perſonnes ; dans les Synagogues, au milieu des Gentils & ſur les échaffauts,
quoique ſéparez par des mers & des
trajets immenſes , quoique diſperſez
en divers Empires , & hors d'état de
ſe concerter entr'eux , ils atteſtérent
tous les mêmes faits , d'une maniere

conftante & uniforme. Un fi parfait accord ne démontre-t-il pas qu'ils étoient tous guidez par la vérité ?

Autre preuve inconteftable de la certitude de leurs témoignages. C'eft devant les Scribes & les Pharifiens qu'ils annoncent les miracles du Sauveur : ils prennent à témoins de la vérité de ce qu'ils racontent, ces furieux ennemis de JESUS-CHRIST & de fa Doctrine : ceux-ci l'entendent, & ils fe taifent ; ils n'ofent contredire un récit qui les couvre de confufion, & qui fait retomber fur toute la Nation le plus fanglant reproche. Le filence en ce cas ne parle-t-il pas hautement en faveur des miracles publiez par les Apôtres ?

Ce n'eft pas feulement par leur filence que les Docteurs de la Loi les ont confirmez ; ils en avoient reconnu la vérité par un aveu formel, dès le tems que notre Divin Maître vivoit encore parmi eux : « Que faifons-nous, » avoient-ils dit dans leur fameux Con- » feil, voilà que cet homme fait beau- » coup de prodiges. « *Quid facimus, quia hic homo multa figna facit.* C'eft ce que l'évidence des faits leur arracha dans un tems, où ils avoient le plus grand interêt à les combattre. Que des

Joan. XII 47.

témoins font dignes de foi , lorfque ,
comme les Apôtres , ils peuvent s'autorifer du filence , & de l'aveu même
de ceux qui ont le plus grand intérêt
à les contredire ?

Aujourd'hui, ceux qui publient &
atteftent les prétendus miracles de nos
jours , peuvent-ils fe prévaloir d'un
femblable aveu ? Avons-nous donc été
forcez de convenir de la vérité des
miracles qu'ils nous vantent ? & par la
difcuffion , qui a été faite de ceux qui
fembloient les mieux conftatez , n'a-
t-on pas convaincu les témoins d'erreur, de méprife ou de fraude ?

Quelle prodigieufe différence encore, entre les perfonnes qui atteftent
ces vains prodiges , & les Apôtres qui
nous garantiffent la vérité des miracles du Fils de Dieu ! Ceux-ci , pour
confirmer leur témoignage , operent
les plus grandes merveilles ; leur at-
touchement, les habits & les linges
qui ont été à leur ufage, leur ombre
même guériffent parfaitement, & tout-
à-coup toutes fortes de maladies ; ils
commandent avec empire aux démons ;
ils réfufcitent des morts, & étonnent
toute la terre par une infinité d'autres
prodiges. Quels témoins ! Qu'ils font
refpectables & dignes de foi ! Et on

ofe leur comparer ceux qui dépofent en faveur des miracles de nos jours ? Convenez, mes très-chers Freres, qu'il y a autant d'extravagance, que d'irréligion dans ce parallele.

Mais, s'il eft impie & infenfé de comparer les prétendus miracles du fieur Pâris, avec ceux de notre Divin Sauveur, par rapport à l'autorité des témoignages dont on les appuye, il ne l'eft pas moins en fecond lieu, de les comparer par rapport aux caracteres de divinité, qu'on prétend y appercevoir. Que devons-nous penfer d'abord de ce qu'ont avancé quelques Ecrivains du Parti, que fi on peut attribuer à la nature les guérifons, qu'ils difent avoir été operées par l'invocation du fieur Pâris, on pourra foûtenir que tous les miracles de l'Homme-Dieu, ne font que des effets de la nature ?

Quoi donc, mes très-chers Freres, parce qu'on pourra regarder comme des effets produits par des caufes naturelles, ces guérifons qu'annoncent comme miraculeufes les Partifans du nouveau culte ; guérifons en petit nombre, & pour la plûpart lentes & imparfaites, ou précédées de remedes, ou fuivies de rechûtes : il fera permis de prétendre que c'eſt par la vertu des mêmes cauſes, que JESUS-CHRIST changea l'eau en vin; qu'il multiplia les pains & les poiſſons; qu'il calma tout d'un coup les vents & les tempêtes; qu'il rendit la mer ſolide ſous les pieds de Pierre; qu'il chaſſa les démons des corps d'un grand nombre de poſſe-dez; qu'il rétablit ſur le champ dans une ſanté parfaite & perſéverante, une multitude innombrable de Mala-des, attaquez de toutes ſortes de ma-ladies, ſouvent ſans les toucher & ſans les voir; qu'il reſſuſcita Lazare enſé-veli depuis quatre jours; qu'il couvrit toute la terre de tenébres, ouvrit les tombeaux, & ſe reſſuſcita lui-même! Cette prétention révolte la raiſon, elle bleſſe la Religion; & elle a paru ſi monſtrueuſe à un célébre Ecrivain du Parti, qu'il la traite *d'inſigne témé-rité, d'aveuglement, & de ſcandale qui fait frémir.*

Mais comment qualifier cette autre propoſition de quelques Ecrivains du même Parti, qui n'ont pas craint d'a-vancer, que de donner à l'eſprit de tenébres certains évenemens attribuez à l'invocation du ſieur Pâris, ſuppoſé qu'on ne croye pas pouvoir les attri-buer à une cauſe ordinaire, c'eſt juſtifier

des Pharisiens qui accusoient Jesus-Christ d'operer ses prodiges par la vertu de Béelzebuth, & livrer tous les miracles de la Religion à la puis-sance de l'Enfer.

Folie, blasphême! Notre divin Sauveur a fait une infinité de prodiges, qui par leur nature même exigeoient la main du Tout-puissant; la multi-plication des pains & des poissons, la résurrection des Morts, la guérison de certaines maladies sont de ce genre.

En général, toutes les œuvres mi-raculeuses du Sauveur ont été accom-pagnées de circonstances, qui font connoître l'excellence & la noblesse de leur origine. Rien de puéril, rien de cruel, rien d'obscene ne les deshonore. Tout y est grand, tout y est digne du Fils éternel de Dieu; tout y fait con-noître la grandeur, la bonté & la sain-teté de celui qui en est l'Auteur.

Leurs effets donnent également la plus noble idée de leur origine, c'est l'établissement du culte du vrai Dieu, & la destruction du culte des dé-mons par toute la terre; c'est la con-noissance de la verité, l'extirpation des erreurs, la réforme des mœurs, le re-gne de la sainteté au milieu des Nations corrompuës. A la vûe de ces fruits de bénédiction & de salut, qui peut méconnoître l'œuvre de Dieu ?

Que l'on jette maintenant les yeux sur les merveilles que publient les Apologistes du nouveau culte. Quels caracteres de divinité y apperçoit-on ? Dans leur objet, si elles n'ont pas pour unique appui l'imposture & le mensonge, elles n'ont rien qui surpasse le pouvoir de la nature & du démon. Dans leurs circonstances, elles répugnent à la sainteté & à la bonté de Dieu. Ce que nous avons dit de leur liaison avec les puérilitez, le faux, la cruauté, le fanatisme, & les obscenitez des convulsions ; ce que nous avons ajouté des pernicieux effets qu'elles ont produits, sont des preuves sensibles, que s'il n'étoit pas possible d'en trouver le principe dans la nature, il faudroit nécessairement les attribuer à la puissance & à la malice du démon. Comment donc a-t-on osé avancer que, si on abandonne à cet esprit séducteur des œuvres si indignes de Dieu, il faudra lui rapporter tous les miracles de l'Evangile ? Quel outrage fait à la Religion ! quelle honte pour un siécle si éclairé, qu'il s'y soit trouvé des hommes capables d'un si prodigieux égarement!

Plaise à Dieu, mes très-chers Freres, que le remede puisse naître de l'extrêmité du mal ; & que les excès où les Partisans du nouveau culte se sont jettez, ouvrent les yeux aux personnes qui s'y sont imprudemment livrées, & les leur désillent à eux-mêmes.

C'est à vous, Ministres de Jesus-Christ, Pasteurs de nos Oüailles, qui nous avez obligez de rompre le silence, que nous adressons la parole en finissant cette instruction.

Pouvez-vous maintenant ne pas reconnoître l'irrégularité de vos demarches, & des instances que vous nous avez faites, pour nous engager à publier dans notre Diocèse comme de vrais miracles, les faits dont le sieur Thomassin avoit informé ? Vous nous presentiez comme juridiques, des informations dont on vient de démontrer la nullité ; vous annonciez comme des miracles averez & constans, des évenemens indignes de toute attention. Instruits aujourd'hui de ce que peut-être vous ignoriez alors , venez avec confiance à votre Archevêque, l'assurer que vous avez profité des éclaircissemens qu'il vous a procurez : vous trouverez toujours en lui les fentimens d'un pafteur & d'un pere.

Dans le tems même que vous l'avez offenfé, il n'a point fait éclater fon indignation : au moindre figne de retour de votre part, ne doutez point qu'il ne vous donne des marques de fa bienveillance & de fa tendreffe.

Ce n'eft ni pour nous plaindre, ni pour vous faire des reproches, que nous vous rappellons ce qui s'eft paffé. C'eft dans la feule vûë de rétablir le concert, l'union, la fubordination qui doivent, pour le bien du troupeau, regner entre l'Evêque & les Miniftres du fecond Ordre, que nous vous conjurons de comparer la conduite que vous avez tenuë à notre égard, avec celle que nous avons euë envers vous

Dans les deux Requêtes que vous nous avez fait remettre, dans la publication & l'impreffion de ces mêmes Requêtes à notre infçû, & fans notre aveu, vous avez oublié ce que vous nous deviez : & Nous, nous avons fait au-delà de ce que nous devions, & de ce que vous pouviez attendre de nous.

Sans vouloir vous attribuer une intention criminelle, il eft certain que les Requêtes répanduës dans le Public,

imprimées

imprimées contre l'ordre de la Police générale du Royaume , & contre le respect qui nous étoit dû , n'étoient propres qu'à soulever le troupeau contre le Pasteur ; à faire croire à nos Diocésains , qu'en ne publiant pas les miracles , dont on avoit informé sous le Pontificat de M. le Cardinal de Noailles , nous refusions de rendre gloire à Dieu , qui manifestoit sa puissance ; & qu'en interdisant le culte qu'on rendoit au sieur Pâris , nous résistions à la voix de Dieu , qui autorisoit ce culte par des prodiges éclatans.

Mais indépendamment de ce mauvais effet, que vos Requêtes pouvoient produire , convenez qu'il étoit aussi indécent que contraire aux regles , de voir des Curez prescrire à leur Archevêque, ce qu'il doit faire pour le bien de la Religion , & y joindre publiquement des reproches , comme s'il y avoit manqué.

Cependant sensibles à cette injure , nous l'avons dissimulée , nous n'avons point employé notre autorité , pour réprimer une entreprise dont nous avions tant lieu de nous plaindre ; nous avons gardé le silence , nous flattant toujours

I

qu'enfin l'illusion se dissiperoit, & que rentrant dans cette subordination que Dieu a établie, vous y rameneriez les Peuples avec vous.

Votre derniere démarche, & le reproche public que vous venez de nous faire de notre silence, effet de notre seule modération, a fait évanoüir la douce esperance que nous avions conçûë, & nous a mis par-là dans une étroite obligation de parler.

Nous esperons, mes très-chers Freres, que vous n'augmenterez pas notre douleur, en resistant plus long-tems à la verité mise dans tout son jour Si vous l'avez méconnuë, dans le tems que ceux en qui vous aviez trop de confiance, prenoient soin de vous la cacher, rien ne sera plus propre à prouver que vous l'aimez, rien ne vous fera plus d'honneur, que de convenir de la surprise, & de rendre témoignage à la verité connuë. *S'il est ordinaire à l'homme,* comme le dit saint Augustin, *s'il est excusable de tomber dans l'erreur,* il est rare en même-tems & glorieux pour lui de reconnoître qu'il s'est trompé, & d'en faire l'aveu.

Nous vous regardons comme nos Cooperateurs dans le ministere qui nous eſt confié ; comme chargez d'exercer ſous notre autorité , & ſelon les regles d'une ſubordination Canonique , les fonctions ſaintes que nous ne pouvons remplir par nous - mêmes. Appellez à travailler avec nous au ſalut des ames, ſoyons donc unanimes de cœur, d'eſprit , de ſentimens , & de langage pour honorer Dieu , & pour ſanctifier les Peuples dont la Providence nous a chargez. Enſeignons les mêmes veritez , combattons les mêmes erreurs, maintenons les mêmes regles , oppoſons-nous aux mêmes abus. Malheur à nous, ſi par la diverſité de nos ſentimens, de notre conduite , & de nos diſcours , nous détruiſons ce que nous ne pouvons établir que par un ſaint concert ?

Votre devoir , comme le nôtre, n'eſt-il pas de vous ſervir de toute la conſidération que vos places vous donnent, des talens que vous avez reçûs de Dieu, de la confiance que les Peuples ont en vous, pour graver de plus en plus dans leurs cœurs, le reſpect & la ſoumiſſion pour l'autorité des premiers Paſteurs ? C'eſt la regle que Jesus-Christ a établie lui-même, comme une barriere contre la licence des opinions humaines, & contre les erreurs & les illuſions, dont l'eſprit de l'homme n'eſt que trop capable.

Faites ſentir auſſi à ceux qui ſont confiez à vos ſoins, les extravagances & les excès des convulſions, dont on les a entretenus comme d'effets ſenſibles de la puiſſance de Dieu. Apprenez-leur par vos diſcours & par votre exemple, à ne point prévenir ſur les Miracles le jugement des Evêques, qui ſont prépoſez pour en faire le diſcernement ; & à ne reconnoître pour vrais que ceux qui ſont déclarez tels par l'autorité légitime.

C'eſt en tenant cette conduite, que vous rendrez notre joye & notre conſolation parfaites ; & en concourant tous enſemble à la ſanctification du Troupeau, nous nous mettrons en état de rendre compte au ſouverain Paſteur des ames qui ſont confiées à nos ſoins.

A CES CAUSES, vû la Requête de notre Promoteur ; enſemble celle qui nous a été preſentée par vingt-trois Curez de la Ville, Fauxbourgs & Banlieuë de Paris, le 13. d'Août 1731. les copies des informations faites en 1728. par le ſieur Thomaſſin Prevôt de S. Nicolas du Louvre, & Vicegerent de l'Officialité, au sujet des prétendus Miracles operez sur Pierre Lero, Marie-Jeanne Orget, Elisabeth de Laloe, Marie-Madeleine Mossaron, & Guillaume - Jacques - Laurent Menidrieux, par l'intercession du sieur Pâris, autre Requête desdits Curez, par laquelle ils nous ont requis d'ordonner qu'il soit informé sur treize autres guérisons miraculeuses, qu'ils prétendent avoir été operées par l'invocation de ce Diacre : après en avoir conferé avec plusieurs Théologiens, le Saint Nom de Dieu invoqué : TOUT CONSIDERE'.

NOUS déclarons les Procès verbaux dressez en 1728. informes & sans autorité, & les miracles dont il a été informé, témérairement publiez, destituez de preuves, & indignes de toute créance. Défendons de publier tant lesdits prétendus Miracles, que les treize dont il est fait mention dans la seconde Requête des vingt - trois Curez ; & tous autres qu'on attribuë à l'intercession du sieur Pâris. Et en renouvellant l'Article xxx. des *Statuts Synodaux* de ce Diocèse, & notre Mandement du 15. Juillet 1731. Nous faifons généralement défenfe de publier aucuns nouveaux miracles, qu'après que nous en aurons reconnu & déclaré juridiquement la vérité.

Déclarons en outre que les Convul-fions qui ont pris naiffance au tombeau du fieur Pâris, ne font point une œuvre qu'on puiffe attribuer à Dieu. Nous recommandons très - expreffément, & néanmoins enjoignons à tous ceux qui exercent le Miniftere fous notre autorité, de travailler à defabufer les perfonnes qui en porteroient un autre jugement, & de faire tout ce qui dépend d'eux pour faire ceffer un fcandale fi indigne de la Religion, & un fanatifme fi dangereux.

Condamnons cette propofition avancée, ou infinuée dans différens Libelles, que *fi l'on avoit examiné les Miracles de Jefus-Chrift comme on examine ceux qui font attribuez au fieur Pâris, les Miracles de Jefus-Chrift, même la réfurrection des Morts, n'auroient pas tenu contre une pareille critique ;* comme fauffe, fcandaleufe, impie & blafphématoire. Défendons d'avancer, ou de foutenir de vive voix, ou par écrit ladite propofition, fous peine d'excommunication. Et fera notre prefente Or-

donnance enregiſtrée au Greffe de notre Officialité, lûë & publiée par tout
où beſoin ſera. DONNE' à Paris dans
notre Palais Archiépiſcopal le huit Novembre mil ſept cens trente-cinq.

Signé † CHARLES, Archevêque
de Paris.

Par Monſeigneur,
MARTIN.

PIECES

PIECES JUSTIFICATIVES.

Lettre écrite le 22. May 1731. par le Sieur Thomaſſin, Prevôt de S. Nicolas du Louvre, à Monſeigneur l'Archevêque de Paris, en lui envoyant l'Extrait des Informations qu'il avoit faites du tems de S. E. Monſeigneur le Cardinal de Noailles, au ſujet des prétendus miracles du ſieur Pâris.

MONSEIGNEUR,

En execution des ordres de VOTRE GRANDEUR, j'ai cherché les Mémoires que j'aurois pû avoir ſur les Informations de M. Pâris. Je n'ai trouvé qu'un broüillon que j'ai fait dans le tems que j'y travaillois, qui contient un précis des faits, & les noms des Témoins. Monſeigneur le Cardinal de Noailles, quand il écrivit la Décharge que j'ai eu l'honneur de repreſenter à VOTRE GRANDEUR, me dit qu'il ne vouloit pas qu'on pût rendre les Informations publiques, ſans ſon ordre; qu'il les enverroit chercher par une perſonne, qui ne ſeroit pas de ſa Maiſon, afin qu'on ne ſçache pas qu'il les avoit; mais que la Décharge qu'il venoit d'écrire en ma preſence, me ſerviroit de ſûreté; que je pouvois les remettre à celui qui me remettroit la décharge dans un paquet cacheté, après que j'aurois auſſi cacheté les Informations........ Je ſuis avec un profond reſpect,

MONSEIGNEUR,

De VOTRE GRANDEUR,

Le très-humble & très obéïſſant Serviteur

Signé, THOMASSIN.

Extrait des Informations faites par le sieur Tho-
massin, envoyé à Monseigneur l'Archevêque
de Paris le 22. May 1731, & certifié veri-
table par ledit sieur Thomassin le 15. Février
1732.

PIERRE LERO, Marchand Fripier, ruë de la
Tonnellerie, étoit attaqué depuis la fin de 1725.
de plusieurs ulcéres à la jambe gauche. Ne pouvant se
soutenir, a été visité par Maître Janson Chirurgien ;
son mal augmentant, a été conseillé d'aller au tombeau du sieur Pâris ; Pendant la premiere neuvaine
qu'il y fit, sa jambe a été guérie, & il n'y restoit plus qu'une gale qui a été entierement guérie à la
fin de la deuxiéme neuvaine, ensorte que depuis le
commencement de Septembre 1727. il a marché mieux
que jamais.

TÉMOINS.

1. Pierre Lero, Marchand Fripier.
2. Nicolas Janson, Maître Chirurgien, ruë des Petits
Champs.
3. Suzanne Thaureau, femme dudit Lero.
4. Françoise Marchand, femme de Dumouchel,
Marchand Fripier.
5. Pierre Forget, Marchand Boutonnier.
6. Pierre Morel, Garçon dudit Lero.
7. Jean Dumouchel, Marchand Fripier.
8. Cesar-Charlemagne Menissier, Tailleur.
9. Pierre Gobert, Marchand Fripier.
10. Edme Garnier.

JEAN NIVET, sourd & muet, guéri de la surdité, ne parle pas.

TÉMOINS.

1. Jacques Desmarois, Bachelier en Droit.

2. Guillaume Roullier, *Suiffe.*

3. Sebaftien Nivet, Fouleur de Bas.

4. Marie-Catherine Croulard, fa femme.

5. Pierre Nivet, Ouvrier en Bas.

6. Jacques . . . . de la Chapelle.

7. Pierre de Bouze.

8. M. le Duc de Châtillon.

9. Nicolas Nivet.

10. Jean Anne Moreau, Faifeur de Bas.

11. Elizabeth Nivet, femme de Jofeph le Roy.

MARIE-JEANNE ORGET, Maîtreffe Couturiere, guérie d'une defcente de matrice qu'elle avoit depuis le 15. d'Août 1715. & d'une éréfipelle fur les cuiffes, qu'elle avoit depuis près de vingt-quatre ans, la guérifon au Tombeau de M. de Pâris, arrivée le 29. Mars 1728.

TE'MOINS.

1. Marie-Jeanne Orget, guérie.

2. Jeanne-Françoife Gallois, veuve de Poffeval, Maître Menuifier.

3. Claude Vergne, Maître Chirurgien. *

4. Mathieu le Prevoft, Prêtre d'Evreux.

5. Hector Tranchon.

6. Agnès le Moine, femme de Simon Ma Tu, Marchand Mercier.

7. Marie Balagny, fille.

8. Françoife la Biche, femme d'Alexis Defchamps, Maître Boutonnier.

9. Marie-Jeanne Blondel, Apprentiffe de ladite Orget.

10. Marie-Marguerite le Begue, Couturiere.

11. Jeanne-Catherine Cheron, femme de Louis la Borne, Maître Chirurgien.

12. Magdelaine Guerin, fille majeure.

13. Louis la Borne, Maître Chirurgien.

ELIZABETH DE LALOE, fille guérie d'un cancer qui étoit tellement augmenté pendant un an, qu'elle croyoit en mourir, guérie par les Reliques

* Nota, *que le fieur Thomaffin s'eft trompé fur la qualité du fieur Vergne.*

dudit fieur Pâris le premier Lundy de l'Avent mil fept cens vingt-fept.

TE'MOINS.

1. Elizabeth de Laloe , guérie.
2. Marianne d'Aubigné , Veuve d'Aubigné.
3. Anne-Marie Moraré, Veuve Ghuenard.
4. Loüife Joſſon , femme de Jean Allain.
5. Jeanne Durand , Veuve de Belifle.
6. François - André le Vaſſeur , Maître Chirurgien.
7. Pierre Chachignon, Marchand Apoticaire.
8. Joſeph de S. Étienne , Feüillant Apoticaire.
9. Marianne Hanot , fille majeure.
10. Marie - Magdelaine Daumafle , femme de Baudoüin Rouſſard , Plumaſſier du Roy.
11. Nicolas Thiennot, Bourgeois de Paris.
12. Marguerite Gerard, fille majeure.

MARIE-MAGDELAINE MOSSARON, attaquée d'apoplexie au mois de Janvier 1727. qui dégénéra en paralyſie , guérie au Tombeau de M. Pâris le 26. Juin 1728.

TE'MOINS.

1. Marie-Magdelaine Moſſaron , guérie.
2. Charles-Nicolas Moſſaron , Avocat , frere.
3. Anne-Catherine Moſſaron , Sœur.
4. Loüis-Jean le Thuillier , Medecin.
5. Charles - François Clerambourg , Marchand Apoticaire.
6. Charles Moſſaron , pere.
7. Philippe Brice , Maître Diſtillateur.
8. Henry-François de la Nux.
9. François - André le Vaſſeur , Maître Chirurgien.
10. Marie Bunot , femme dudit Brice.
11. Antoine - François Hebert.
12. Jeanne-Antoinette Macet , femme de Henry Thomaſſin Agregé de Droit.
13. Ledit ſieur Agregé Avocat en Parlement.
14. Anne-Radegonde Vagnart , Veuve Hebert.
15. Jacques Apparuit , Peintre du Roy.

16. Urbain-François-Antoine Helye, Prêtre.
17. George Gregoire, Marchand Gantier-Parfumeur.
18. Etienne Moyon du Sauſſay.
19. Suzanne Vizé, femme de Jean Verrier, Tapiſſier.
20. Jean-Claude Verrier, Tapiſſier.
21. Marie-Claude Verrier, fille.
22. Germain Verrier, Tapiſſier.
23. Marie-Magdelaine-Adam, Veuve de Maître Vital Bouret, Avocat.
24. Antoinette-Radegonde Hebert, fille.
25. Leon de Lobel, Prêtre.
26. Marie Duclouët, fille.

Je certifie avoir remis à Monſeigneur l'Archevêque de Paris le preſent extrait des informations que j'ai faites par ordre de S. E. Monſeigneur le Cardinal de Noailles. A Paris, ce quinze Février mil ſept cent trente-deux. Signé, THOMASSIN.

Acte de dépôt fait le 11. Août 1731. par le Pere Fouquet, Prêtre de l'Oratoire, chez Savigny Notaire, des Informations faites par le Sieur Thomaſſin, des prétendus Miracles du Sieur Pâris.

PARDEVANT les Conſeillers du Roy Notaires à Paris fouſſignez, fut preſent Meſſire Charles-Armand Fouquet, Prêtre de l'Oratoire, demeurant en la Maiſon de Saint Magloire, ruë ſaint Jacques, lequel a déclaré qu'en execution des ordres de ſon Eminence feu Monſeigneur le Cardinal de Noailles, Archevêque de Paris, il dépoſoit dans le tems qu'il avoit jugé le plus convenable aux intentions de ſon Eminence, les cinq informations faites par Meſſire Achille Thomaſſin, Pretre, Docteur de Sorbonne, Prevôt de Saint Nicolas du Louvre, Vicegerent en l'Officialité de Paris, Commiſſaire de ſadite Eminence, accompagné de Maître Isabeau , Greffier ordinaire en ladite Officialité, les 22. & 28. Juin, 1. & 22. Juillet, & 3. Août de l'année 1728. au sujet des Miracles mentionnez dans lesdites informations ; lesquelles cinq informations à la requête du Reverend Pere Fouquet ont été annexées à la Minute des Presentes, après avoir été paraphées de lui en presence des Notaires soussignez, pour en être délivré des Expeditions à qui il appartiendra. Ce fut fait & passé à Paris ès Etudes, l'an mil sept cens trente-un, & le onziéme jour d'Août avant midi, & a signé la Minute des Presentes demeurée à Maître de Savigny , Notaire. Signé , SAVIGNY. Et . . . . scellé les jour & an. R. 6. s.

Déclaration donnée à Monseigneur l'Archevêque de Paris le 17. Octobre 1731. par Messieurs Vivant, Goulard, Dubourg, Coüet, & Gueret, Grands Vicaires de feu Monseigneur le Cardinal de Noailles, composans son Conseil, au sujet des Informations faites par le Sieur Thomassin, des prétendus Miracles du Sieur Pâris.

L'A N mil sept cent trente-un , & le dix-septiéme jour du mois d'Octobre. Nous CHARLES-GASPARD-GUILLAUME DE VINTIMILLE DES COMTES DE MARSEILLE DU LUC, Archevêque de Paris, Duc de Saint Cloud, Pair de France, Commandeur de l'Ordre du Saint Esprit, &c. Avons assemblé Messieurs François Vivant, Prêtre, Docteur de la Maison & Societé de Sorbonne, Chantre de l'Eglise de Paris, & notre Vicaire General ; Jacques Goulard, Prêtre, Docteur en Théologie de la Faculté de Paris, de la Maison & Societé de Navarre , Archidiacre & Chanoine de l'Eglise de Paris ; Etienne du Bourg, Prêtre, Docteur de la Maison & Societé de Sorbonne , Archidiacre dans l'Eglise de Paris, Abbé de Gifmond ; Bernard Coüet, Prêtre, Chanoine de l'Eglife de Paris, notre Vicaire General ; & Nicolas-Pierre Gueret, Prêtre, Docteur de la Maifon & Societé de Sorbonne, Curé de faint Paul, tous Vicaires Generaux de feu fon Eminence Monfeigneur le Cardinal de Noailles notre Prédeceffeur lors de fon décès, & compofant fon Confeil, aufquels Nous aurions demandé.

1°. Si Monfeigneur le Cardinal de Noailles leur a fait part du deffein de faire informer fur les prétendus Miracles du fieur Pâris. 2°. S'il leur a communiqué la Commiffion qu'on prétend avoir été donnée au fieur Thomaffin par ledit Seigneur Cardinal, pour informer fur lefdits Miracles. 3°. S'il leur a fait voir l'information faite par ledit fieur Thomaffin, & s'il leur a dit l'ufage qu'il en vouloit faire. A quoi lefdits fieurs Vicaires Generaux de feu fon Eminence Monfeigneur le Cardinal de Noailles, ont unanimement répondu :

1°. Que cette Eminence ne leur a jamais fait part du deffein d'informer fur les prétendus Miracles du fieur Pâris. 2°. Qu'il ne leur a jamais dit avoir donné aucune Commiffion à cet effet au fieur Thomaffin. 3°. Que l'information faite par ledit fieur Thomaffin ne leur a jamais été communiquée ; & que fon Eminence ne leur a jamais dit l'ufage qu'il en vouloit faire. A quoi Meffieurs Goulard, Coüet, & Gueret ont ajoûté qu'ils fe fouviennent, qu'une perfonne du Confeil ayant demandé, s'il ne feroit pas à propos de faire une Information defdits prétendus Miracles, cette propofition fut unanimement rejettée, & qu'il n'en fut rien écrit dans les Déliberations du Confeil. Dequoi & de tout ce que deffus Nous avons dreffé le prefent Procès verbal, pour fervir & valoir ce que de raifon FAIT à Paris dans notre Palais Archiepifcopal, l'an & jour que deffus, & ont figné avec Nous. Signé, CHARLES, Archevêque de Paris, VIVANT, GOULARD, DUBOURG COUET & GUERET ; *& plus bas*, Par Monfeigneur, ARTAUD.

a iv

*Déclaration donnée à Monseigneur l'Archevê-
que de Paris le 18. Octobre 1731. par le Sieur
Chevalier, Chanoine de saint Germain l'Auxerrois, & ci-devant Secretaire de son Eminence Monseigneur le Cardinal de Noailles,
au sujet des Informations faites par le Sieur
Thomassin, des prétendus Miracles du Sieur
Pâris.*

L'AN mil sept cens trente - un, & le dix-huitiéme
jour du mois d'Octobre. Nous CHARLES-GAS-
PARD-GUILLAUME DE VINTIMILLE DES COM-
TES DE MARSEILLE DU LUC, Archevêque de
Paris, Duc de Saint Cloud, Pair de France, Commandeur de l'Ordre du Saint-Esprit, &c. Avons mandé
le Sieur Jean-Louis Chevalier, Soûdiacre de notre Diocèse, Chanoine de S. Germain l'Auxerrois à Paris, ci-devant Secretaire de l'Archevêché, & de feu Son Eminence Monseigneur le Cardinal de Noailles, auquel Nous
avons demandé.

1°. Combien de tems il a été Secretaire de l'Archevêché.

2°. Si en cette qualité, il a expedié une Commission par ordre de feu Monseigneur le Cardinal de Noailles, adressée au sieur Thomassin, Prevôt de saint Nicolas du Louvre, pour informer sur les prétendus Miracles du sieur Pâris ; & s'il a transcrit dans les Registres du Secretariat ladite Commission.

3°. S'il a eu connoissance de l'Information faite par
ledit Sieur Thomassin sur lesdits Miracles, & de l'usage
que son Eminence vouloit faire de ladite Information.
À quoi ledit sieur Chevalier a répondu.

1°. Qu'il a été Secretaire de l'Archevêché depuis
mil sept cent dix sans interruption, jusqu'au décès de
feu son Eminence Monseigneur le Cardinal de Noailles.

2°. Qu'il ne se souvient point d'avoir expedié aucune Commission par ordre de mondit Seigneur le Cardinal audit sieur Thomassin, pour informer sur les Miracles du sieur Paris, ni d'avoir reçu aucun ordre à ce sujet de saditeEminence, que s'il y avoit eû quelque Commission par lui expediée sur cela il l'auroit fait inscrire dans les Registres du Secretariat.

3°. Qu'il n'a eu aucune connoissance ni de ladite Information, ni que son Eminence en voulût faire aucun usage. A quoi il a ajouté, qu'il se souvient qu'une personne du Conseil établi par mondit Seigneur le Cardinal, ayant proposé de faire ladite information, cette proposition avoit été rejettée, & qu'il n'en a rien écrit dans le Registre des Déliberations dudit Conseil.

De quoi & de tout ce que dessus, Nous avons dressé le present Procès verbal pour servir & valoir ce que de raison. Fait à Paris dans notre Palais Archiepiscopal les an & jour que dessus, & ledit sieur Chevalier a signé avec Nous. Signé, CHARLES, Archevêque de Paris, Chevalier, *& plus bas*, Par Monseigneur, MARTIN.

Déclaration donnée à Monseigneur l'Archevêque de Paris le 18. Février 1732. par le sieur Assolan, Chanoine de S. Maur des Fossés, & par ci-devant Soûsécretaire de Monseigneur le Cardinal de Noailles.

CE JOUR D'HUY dix-huitiéme Février 1732. Monseigneur l'Archevêque de Paris ayant mandé chez lui Messire André Assolan, Chanoine de S. Maur des Fossés, ledit sieur André Assolan, après avoir promis de dire la verité, a déclaré, sçavoir :

Qu'il a été pendant dix-huit ans, Soûsecretaire de feu S. E. Monseigneur le Cardinal de Noailles, & qu'il étoit audit Seigneur Cardinal en cette qualité, lors de sa mort : Qu'il se souvient avoir dressé une Commission adreſſée à M. Thomaſſin , Prevôt de S. Nicolas du Louvre, pour informer des Miracles qu'on diſoit avoir été operés par l'interceſſion de M. Páris : Qu'il ne ſe ſouvient pas ſi c'eſt lui, ou M. Chevalier qui l'a con-treſignée : Qu'il ne l'a point miſe dans les Regiſtres du Secretariat : Qu'il n'a jamais ſçû de combien de miracles on a informé : Que depuis lors il n'a point entendu parler des informations qui ont été faites : Qu'on n'a rapporté aucun Procès verbal ni autres pieces con-cernant leſdits prétendus Miracles au Secretariat , & que jamais ſon Eminence ne lui en a parlé , non plus que M. Thomaſſin. Fait à Paris les jour & an que deſſus. Signé , ASSOLAN.

Déclaration donnée à Monſeigneur l'Archevê-que de Paris , par le Sieur Thomaſſin le 15. Février 1732. au ſujet des prétendus Mira-cles du Sieur Pâris.

CEJOURD'HUY M. l'Abbé Thomaſſin , Prevôt de ſaint Nicolas du Louvre, ayant été mandé par Monſeigneur l'Archevêque de Paris , au ſujet d'un Me-moire qui lui avoit été envoyé par ledit ſieur Thomaſ-ſin le 22. May 1731. après avoir promis de dire verité , a déclaré ; ſçavoir.

Qu'il a fait toutes les informations par rapport aux cinq perſonnes dénommées dans ledit Memoire intitulé : *Extrait des Informations de M. Pâris du 22. Juin & ſui-vant , certifié veritable par ledit ſieur Thomaſſin , ce jourd'hui 15. Février 1732.*

Qu'il a remis à une perſonne qu'il ne connoît point, Porteur d'une Décharge de feu Monſeigneur le Car-dinal de Noailles , toutes les Informations en gene-ral ſans en garder aucune ; & ſe reſſouvient de n'en avoir remis que cinq audit Porteur , & notamment l'Information faite au ſujet de Jean Nivet, qu'il croit être compoſée de onze Témoins ; & ſe reſſouvient préciſément & particulierement d'avoir entendu dans ladite Information feu M. le Duc de Châtillon.

Déclare qu'il ſe reſſouvient, d'avoir auſſi fait & remis une autre information concernant le ſieur Menidrieux, & que s'il n'en a pas fait mention ci-deſſus & dans ſon Memoire, c'eſt qu'elle n'étoit pas parfaite.

Déclare au ſurplus avoir remis au Porteur de la Décharge de feu Monſeigneur le Cardinal de Noailles, l'Ordonnance dudit Seigneur Cardinal, portant Commiſſion d'informer deſdits prétendus Miracles de M. Paris, & que cette Ordonnance étoit contreſignée d'un des Secretaires de Monſeigneur le Cardinal de Noailles, ne ſe reſſouvenant pas duquel, attendu qu'il en avoit deux ; ſçavoir, le ſieur Chevalier & le ſieur Aſſolan, & eſt memoratif qu'elle étoit certainement ſignée de l'un ou de l'autre.

Ajoute que cette Ordonnance portoit une Commiſſion en général d'informer des prétendus Miracles de M. Paris, ſans déſigner aucun des malades, qu'on diſoit avoir été miraculeuſement guéris.

Certifie qu'il ne lui reſte plus aucune Minute deſdites Informations, ni d'aucunes autres pieces à l'occaſion de la vérification des prétendus Miracles, les ayant toutes remiſes, comme il l'a déclaré ci-deſſus ; & ſur ce qu'il lui a été repréſenté, que le Billet de Monſeigneur le Cardinal de Noailles ne portoit décharge que des Procès verbaux, & non de ſon Ordonnance en forme de Commiſſion, ni des autres Minutes des Procedures, comme de l'acceptation de ladite Commiſſion, &c. il a dit & déclaré, qu'il avoit crû ladite Décharge ſuffiſante pour l'autoriſer à faire un paquet de toutes les Pieces, ſur lequel il avoit mis une adreſſe pour ſon Eminence Monſeigneur le Cardinal de Noailles ; enſuite de quoi il avoit remis ledit paquet à celui qui étoit Porteur de l'Ordre dudit Seigneur Cardinal, & qui étoit venu de ſa part le chercher.

Et ſur ce qu'il a été interpellé de déclarer, s'il a donné au ſieur Iſabeau, Greffier de la Commiſſion, une Décharge des Informations qu'il a remiſes au Porteur de fon Eminence, & quand il la lui a donnée : il a répondu, qu'il n'a donné au fieur Ifabeau d'autre Décharge, qu'une copie collationnée de l'Ordre de feu Monfeigneur le Cardinal de Noailles ; laquelle copie collationnée il ne lui a remife qu'environ le 11. Juin de l'année 1731.

Tous lefquels faits ledit fieur Thomaffin attefte veritables, après avoir entendu la lecture qui lui en a été faite. A Paris ce quinziéme Février mil fept cens trente-deux. Signé, THOMASSIN.

Déclaration donnée à Monfeigneur l'Archevêque de Paris, par le Sieur Ifoard, Curé de fainte Marine, le 15. Fevrier 1732. au fujet des prétendus Miracles du Sieur Pâris.

CE JOURD'HUI quinze Février mil fept cent trente-deux, le fieur Ifoard, Curé de fainte Marine, ayant été mandé par Monfeigneur l'Archevêque de Paris, au fujet des Informations qui ont été faites du tems de feu Monfeigneur le Cardinal de Noailles, des prétendus Miracles de M. Pâris, après avoir promis audit Seigneur Archevêque de dire la verité, a déclaré, fçavoir : Qu'ayant été Promoteur, du tems de Monfeigneur le Cardinal de Noailles, pendant quelques années, il avoit été chargé en cette qualité par ledit Seigneur Cardinal, de s'informer des bruits qui fe répandoient au fujet des Miracles qu'on publioit avoir été operez par l'interceffion de M. Pâris ; & que fur le compte qu'il avoit rendu à cette Eminence des differens faits dont il avoit pris connoiffance, Elle lui avoit ordonné de préfenter une Requête pour nommer un Commiffaire qui en fît l'information : Qu'en conféquence, en fa qualité de Promoteur, il avoit préfenté fa Requête audit Seigneur Cardinal ; au bas de laquelle il mit fon Ordonnance, portant Commiffion au fieur Thomaffin, Prevôt de faint Nicolas du Louvre, d'informer sur les faits y contenus ; laquelle Ordonnance fut dressée par un des Secretaires de l'Archevêché, & signée par son Eminence ; ne sçachant ledit sieur Isoard quel fut celui des Secretaires qui la dressa, & la contresigna ; mais se ressouvenant seulement que son Eminence donna ordre en sa présence au sieur Chevalier de la dresser ; & en conséquence en sa qualité de Promoteur il fit faire cinq Informations. La premiere, qui regardoit Pierre Lero. La seconde, la Demoiselle Orget. La troisiéme, la Demoiselle Laloe. La quatriéme, la Demoiselle Mossaron. La cinquiéme, le nommé Menidrieux. Pour chacune desquelles Informations il fit entendre differens Témoins, de maniere que chacune desdites Informations a été parfaite, & que c'est tout ce qui a été fait à ce sujet. Ne sçait entre les mains de qui l'Ordonnance & les Informations ont été remises dans la suite.

Tous lesquels faits ledit sieur Promoteur atteste veritables, après avoir entendu la lecture qui lui en a été faite. A Paris ces jour & an que dessus. Signé, ISOARD.

Déclaration donnée à Monseigneur l'Archevêque de Paris le 15. Février 1732. par le Pere Fouquet Prêtre de l'Oratoire, au sujet des informations faites par le sieur Thomassin, des prétendus Miracles du sieur Pâris.

CE JOURD'HUY quinziéme Février, Messire Charles-Armand Fouquet, Prêtre de l'Oratoire, ayant été mandé par Monseigneur l'Archevêque de Paris au sujet des informations faites du tems de feu Monseigneur le Cardinal de Noailles, des prétendus Miracles de M. Paris, lesquelles informations ledit sieur Pere Fouquet a remises & déposées chez Savigny Notaire, après avoir promis audit Seigneur Archevêque de dire la verité, a déclaré, sçavoir :

Que c'est par le propre mouvement & ordre de feu S. E. Monseigneur le Cardinal de Noailles, que cinq

informations concernant les nommez Lero, la Demoiselle Orget, la Demoiselle Laloe, la Demoiselle
Moffaron, & le sieur Menidrieux, lui ont été remises
par une personne qu'il ne juge pas à propos de nommer ; & qu'on ne lui a remis aucune autre information
que les cinq ci-dessus mentionnées, lesquelles n'é-
toient renfermées dans aucun paquet cacheté ; qu'il
n'a jamais eu entre les mains l'Ordonnance de feu
Monseigneur le Cardinal de Noailles, portant commission au sieur Thomassin d'informer ; qu'il a même
oüi dire par ledit sieur Thomassin, que cette Ordonnance ayant passé successivement entre les mains de lui
sieur Thomassin, celles du Promoteur & du Greffier,
ladite Ordonnance s'étoit égarée, & qu'on n'avoit pû
la recouvrer ; qu'il ne reste rien actuellement à sa
possession de tout ce qui concerne la vérification des
Miracles qu'on attribuë à M. Pâris, ayant déposé
tout ce qu'il en avoit chez le sieur Savigny Notaire,
suivant l'Acte d'aport qu'il a signé le onze Août de
l'année 1731.

Tous lesquels faits ledit Pere Fouquet déclare véritables, après en avoir entendu la lecture qui lui en
a été faite. A Paris, ce quinziéme Février mil sept
cent trente-deux. Signé, FOUQUET, Prêtre de
l'Oratoire.

---

*Déclaration donnée le 25. May 1733. à Mon-
seigneur l'Archevêque de Paris, par plusieurs
Particuliers, au sujet du prétendu Miracle
operé en la personne de Jean Nivet, Sourd
& Muet.*

L'AN de grace mil sept cent trente-trois, le vingt-
cinquiéme jour du mois de May, sont comparus devant Nous CHARLES-GASPARD-GUILLAUME
DE VINTIMILLE DES COMTES DE MARSEILLE
DU LUC, par la Misericorde Divine, & par la Grace
du saint Siege Apostolique, Archevêque de Paris, Duc

de Saint Cloud, Pair de France, Commandeur de l'Ordre du saint Esprit, &c. sur les onze heures du matin,
les nommez Pierre des Gardes, Tanneur de profession,
demeurant à Paris, ruë & Paroisse sainte Marguerite,
âgé de quarante-un ans ; Pierre Jacquet, Fouleur de Bas
au métier, demeurant grande ruë saint Antoine, à
l'Enseigne de la Boule blanche, Paroisse sainte Marguerite, âgé de cinquante ans ; Antoinette Paeti, épouse
dudit Pierre Jacquet, demeurant en la même maison,
âgée de quarante-deux ans ; Jean-Baptiste Guerbois,
âgé de trente-deux ans, Fouleur de Bas, demeurant
chez le sieur Sevestre, Fouleur de Bas, ruë de Charonne, Paroisse sainte Marguerite ; Nicolas Robinot, âgé
de trente-cinq ans, Menuisier, demeurant même Paroisse, ruë de Charonne ; lesquels après Nous avoir
prêté serment de dire verité, Nous ont déclaré, connoître parfaitement le nommé Jean Nivet, Sourd & Muet,
qu'on a dit guéri de sa surdité, & à l'occasion duquel
on a fait en l'année 1728. une Information tendante
à verifier sa guérison par l'intercession du feu sieur Pâris,
Diacre, enterré à saint Medard : & sur le champ ils
ont fait paroître devant Nous un homme, âgé d'environ quarante-un ans, d'une moyenne taille, ayant des
cheveux longs & d'un blond clair, les sourcils élevez,
de même couleur, ayant plusieurs taches blanches sur le
front, le nez aquilain, les yeux gris ; qu'ils Nous ont
déclaré être Jean Nivet, demeurant ruë Charonne,
chez le susnommé Pierre Jacquet, où il travaille depuis
un an à fouler des bas, & couchant les nuits depuis environ le même tems avec les susnommez Nicolas Robinot, & Jean-Baptiste Guerbois, dans la maison du
sieur Parrin, Aubergiste, à l'entrée de la ruë Charonne, Paroisse sainte Marguerite : tous lesquels Témoins
ont attesté que le susdit Jean Nivet présent devant
Nous, est le même au sujet duquel on a fait une Information pour verifier qu'il étoit guéri de sa surdité ; &
en particulier le sieur Pierre des Gardes Nous a déclaré,
être cousin au troisiéme degré du sieur Jean Nivet ; être
né comme lui à Châtillon sur Loin, Paroisse saint Pier-

re, Diocèse de *Sens*, dont le Seigneur est M. le Duc de Châtillon de Luxembourg ; sçavoir, lui Pierre des Gardes le quatre Mars mil six cens quatre-vingt-douze, & le sieur Nivet le sept ou huit d'Avril de la même année ; pourquoi ils ont été élevez ensemble pendant leur jeunesse, & se sont toûjours parfaitement connus.

Se souvient ledit Pierre des Gardes, qu'il y a environ six ou sept ans que le sieur Sebastien Nivet, Chapelain de l'Eglise de saint Pierre audit Châtillon, & cousin germain du susdit Jean Nivet, demanda à lui déposant, qu'il signât sur un grand parchemin, muni déja de plusieurs signatures & de plusieurs Sceaux, pour certifier que ledit Jean Nivet étoit Sourd & Muet dès sa naissance ; qu'il étoit guéri : & on disoit alors dans le même endroit, que ledit Jean Nivet parloit & entendoit, & qu'on lui avoit donné un Maître d'Ecole pour lui apprendre à parler François. Et ledit Pierre des Gardes avec les autres susdits Témoins, Nous ayant réïteré que ledit Jean Nivet à l'occasion duquel on a informé, est celui-là même qui paroît devant Nous ; Nous avons fait audit Jean Nivet présent, les questions suivantes, en présence des susnommez.

Premierement, Nous lui avons demandé son nom, en lui disant : Nivet, comment vous appellez-vous ? Est-ce Jean, ou Nicolas ?

En second lieu : En quelle Paroisse êtes-vous né ? Et quel âge avez-vous ? Depuis quand êtes-vous à Paris ? Et quel Métier faites-vous ? Ausquelles questions ledit Jean Nivet n'a rien répondu, ne témoignant même par aucun signe entendre les susdites demandes que Nous lui avons faites d'une voix très-intelligible, & que tous les susdits Témoins présens Nous ont attesté avoir pleinement entendu, sans que ledit Jean Nivet ait rien répondu aux susdites questions. Lesquels susdits Témoins Nous ont déclaré n'être point surpris du silence dudit Jean Nivet, parce qu'ils ont parfaite connoissance que, quoiqu'on ait dit dans le Public qu'il étoit guéri de sa surdité, il n'a jamais mieux entendu qu'il entend à présent. Et lesdits Pierre des Gardes & Pierre Jacquet ont ajoûté, qu'il y a environ dix-huit mois, qu'on loüa une chambre ruë Mouffetar, Paroiſſe ſaint Medard, chez le nommé Dubois, où ledit Jean Nivet a demeuré douze ou quinze jours, pendant leſquels il faiſoit une neuvaine ſur le tombeau du ſieur Pâris, Diacre ; laquelle chambre avoit été loüée par Nicolas Nivet, frere aîné dudit Jean Nivet, & Valet de Chambre de feu M. le Duc de Châtillon ; duquel Duc, ledit Pierre des Gardes nous a déclaré avoir reconnu le cachet & les armes ſur le grand parchemin qu'on lui a fait ſigner à Châtillon ſur Loin ; & lecture faite aux ſuſdits Témoins des dépoſitions & déclarations contenuës au préſent Procès verbal, ils Nous ont déclaré qu'elles contiennent vérité, & perſiſter dans leurs déclarations & dépoſitions, qu'ils ont ſignées avec Nous, excepté le nommé Jean-Baptiſte Guerbois, qui a déclaré ne ſçavoir écrire. Signez, P. DES GARDES, P. JACQUET, NICOLAS ROBINOT, TOINON PAETI, CHARLES, Archevêque de Paris ; *& plus bas,* Par Monſeigneur, LASONE, Prof.

Déclaration faite par la Demoiſelle de Laloe, & écrite de ſa propre main, le 26. Septembre 1734. au ſujet de ſa guériſon prétenduë miraculeuſe.

JE Elizabeth de Laloe ſouſſignée, déclare que la guériſon qui s'eſt operée ſur moi n'eſt point miraculeuſe ; que ce n'eſt qu'à l'inſtigation de differentes perſonnes de ma connoiſſance, que j'ai répandu dans le Public que j'avois été guérie miraculeuſement par l'interceſſion de M. Pâris, d'un Cancer que je diſois avoir au ſein, ce que je déſavoüe de mon propre mouvement, ainſi que tout ce qui auroit pû être dit, fait, ou écrit à ce ſujet, quoique dans le tems que Monſeigneur le Cardinal de Noailles, Archevêque de Paris a fait faire l'Information de ce prétendu Miracle : J'avoüe que tout ce que j'ai dit, fait & écrit dans le tems de ladite Information n'étoit que pour donner des couleurs à faire ignorer au Public des chofes que je voulois n'être connuës que de moi feule : Ainfi le prétendu Miracle, l'Information, & tout ce qui s'en eft enfuivi font faux dans toutes leurs parties. Je crois rendre juftice à la verité, en faifant un pareil aveu, & tirer le Public de l'erreur, ou moi ainfi que ceux qui s'étoient joints à moi pour faire conftater un faux Miracle comme vrai. Ce font mes fentimens, dans lefquels je fuis, & dans lefquels je demande pardon au Très-Haut, de n'avoir pas toûjours été. Fait de ma propre volonté & de mon propre mouvement, fans être aidée de perfonne, le tout écrit de ma main, le vingt-fix Septembre mil fept cens trente-quatre. Signé, ELIZABETH DE LALOE.

Copie d'une Lettre écrite par M. l'Evêque d'Angers à M. l'Archevêque de Paris, dattée d'Eventard le 15. Octobre 1735.

MONSEIGNEUR,

Voilà une Lettre que m'écrit la nommée Elifabeth de Laloe, qui eft actuellement à la Fléche dans la Maifon des Filles de fainte Magdelaine. Je n'ai affurément follicité ni directement ni indirectement ce defaveu qu'elle m'a envoyé de fon propre mouvement. Elle me permet de rendre fa Lettre publique ; mais comme il s'y agit d'un prétendu miracle, que plufieurs de Meffieurs vos Curez de Paris ont publié comme veritable, & dont ils vous ont demandé, MONSEIGNEUR, de faire l'examen juridiquement : j'ai crû devoir vous renvoyer cette Lettre, elle pourra fervir à détromper ceux de vos Diocéfains qui reçoivent avec un excès de credulité toutes les fables, que certaines Gens leur debitent. C'eft une occafion favorable pour moi de vous renouveller les affurances du Refpect infini avec lequel j'ai l'honneur d'être,

MONSEIGNEUR,

Vôtre très-humble & très-obéïffant Serviteur,

† JEAN, Ev. d'Angers.

Copie de la Lettre écrite par la Dlle de Laloe à M. l'Evêque d'Angers, dattée du Couvent de la Magdelaine de la Flèche le 4. Octobre 1735.

MONSEIGNEUR,

Comme je suis plus que jamais dans la résolution de réparer mes fautes passées, je m'adresse à vous pour m'aider à détromper le Public sur l'illusion que je lui ai faite, au sujet d'un prétendu miracle arrivé en ma Personne, au mois de Novembre de l'année 1727. J'ai déja donné une déclaration écrite toute entiere & signée de ma main, en datte du 26. Septembre 1734. qui porte un désaveu formel de ce prétendu miracle ; mais j'apprens que les Partisans du Culte de M. Pâris, regardent cette déclaration ou comme supposée, ou du moins comme suspecte : & comme je veux leur fermer la bouche pour toûjours, en satisfaisant en même tems aux mouvemens de ma concience, c'est ce qui me détermine à avoir l'honneur de vous écrire comme à mon Superieur, pour réïterer mon désaveu entier entre vos mains, & le confirmer. Je déclare donc devant Dieu, que je n'ai répandu dans le Public que j'avois été guérie miraculeusement par l'intercession de M. Pâris, que par l'instigation de differentes personnes de ma connoissance, & pour couvrir ce que j'avois interêt de cacher : que tout ce que j'ai dit, fait, écrit dans le tems de l'information du prétendu miracle, est faux & supposé dans toutes ses circonstances ; & que dans aucun tems je n'ai eu de Cancer au sein, ni aucune disposition pour en avoir. La nommée Veuve Desclaux Maîtresse Sage-Femme peut & doit certifier ce que j'avance ; & Madame Daubigné nouvelle Catholique, ... doit en conscience dire la verité.

Il m'en coute, MONSEIGNEUR, de faire un pareil aveu ; mais je préfere le bien de la Réligion à mon interêt personnel. Je ne crains point, au surplus, que cette

Lettre foit publique ; je n'ai même l'honneur de vous.
l'écrire que dans cette vûë, & efpérant que Dieu voudra
bien me tenir compte de l'humiliation à laquelle je
m'expofe moi-même, pour réparer l'illufion fcandaleufe
que j'ai caufée. J'ai l'honneur d'être avec un très-pro-
fond refpect,

MONSEIGNEUR,

Vôtre très-humble & très-obéïffante Servante,
ELISABETH DE LALOE.

Déclaration donnée à Monfeigneur l'Archevê-
que de Paris le 24. Octobre 1735. par Ga-
briele - Elizabeth Mauriffet, Maîtreffe Sage-
femme, au fujet du prétendu Miracle de la
Demoifelle de Laloe.

CHARLES - GASPARD - GUILLAUME DE VIN-
TIMILLE DES COMTES DE MARSEILLE DU
LUC, par la Mifericorde Divine, & par la grace du
Saint Siege Apoftolique, Archevêque de Paris, Duc
de faint Cloud, Pair de France, Commandeur de l'Ordre du faint Efprit, &c. Sçavoir faifons, que cejour-
d'huy vingt-quatre Octobre mil fept cens trente-cinq,
à dix heures du matin, nous avons fait venir en notre
Palais Archiepifcopal Gabriele-Elizabeth Mauriffet, âgée
d'environ quarante-cinq ans, Veuve d'Arnaud Defclaux,
Chirurgien des Armées du Roy, & elle Jurée Maîtreffe
Sage-femme à Paris, demeurante ruë S. Denis, Paroiffe
S. Sauveur : & après lui avoir fait faire la lecture tant
de la Lettre qui nous a été écrite par Monfeigneur l'E-
vêque d'Angers le 15. du préfent mois, que d'une autre
Lettre écrite audit Seigneur Evêque le 4. du même mois
par Elifabeth de Laloe, au fujet d'un prétendu miracle
operé en fa perfonne par l'invocation du fieur Pâris,
Diacre inhumé à S. Medard, nous l'avons interpellée
en qualité de fon Archevêque, de nous déclarer ce qu'elle
fçait au fujet dudit prétendu miracle, & de ce qui eft ex-
primé dans la Lettre de ladite de Laloe, conformément

au defir & à l'intention de ladite de Laloe ; furquoi, après ferment prêté, ladite Veuve Defclaux nous a fait la déclaration fuivante. Qu'elle eft mémorative que dans le mois de Novembre mil fept cent vingt-fept, une fille à elle alors inconnuë, & qu'elle a fçû depuis s'appeller de Laloe, vint chez elle, comparante, la prier de lui prêter fon fecours pour la délivrer, lorfque le terme de fes couches arriveroit ; que ladite Demoifelle de Laloe accoucha le dix-huit Janvier mil fept cent vingt-huit, jour de Dimanche, d'un enfant mâle, en la préfence de la Dame d'Aubigné, amie de ladite Demoifelle de Laloe, demeurante au petit S. Chaumont, & de la nommée Marguerite, fervante de ladite Demoifelle de Laloe ; . . . . . que pendant le tems des couches de ladite Demoifelle de Laloe, elle Comparante l'a vifitée prefque tous les jours ; & qu'elle fe reffouvient qu'un jour entre autres, étant chez ladite de Laloe avec la Dame d'Aubigné, la Servante vint annoncer un Eccléfiaftique qui demandoit à parler à ladite Demoifelle de Laloe, laquelle dit : Ah ! je fçais ce que c'eft ; c'eft un Prêtre de faint Medard. Qu'alors ce Prêtre entra & dit à la Demoifelle de Laloe : Bon jour, Mademoifelle : Je viens vous demander de rendre témoignage à la verité, en fignant que vous avez été guérie miraculeufement par l'interceffion du Bienheureux M. Pâris ; à quoi la Demoifelle de Laloe répondit qu'elle le vouloit bien, mais qu'elle ne pouvoit fortir quant à préfent, ayant été malade, & l'étant encore ; que fa premiere fortie feroit pour aller à faint Medard, & faire ce que ledit Ecclefiaftique lui demandoit ; que celui-ci s'étant retiré, elle Comparante dit à la Demoifelle de Laloe : C'eft donc pour vous mocquer de Dieu & de la Religion, que vous dites avoir été guérie par Miracle ? Si c'eft un Miracle, c'eft moi qui l'ai fait ; que cependant ladite Demoifelle foutenant que réellement elle avoit été guérie par le fieur Pâris : & qu'elle avoit de bons témoins de ce quelle difoit ; qu'elle-même Comparante en conviendroit, fi elle avoit vû le fein d'elle de Laloe dans l'état qu'il étoit, avant qu'il fût gueri : à quoi elle Com-

parante repartit que fi ladite Demoifelle de Laloe n'a-
voit pas fait tant de remedes violens dans le commencement de fa groffeffe, elle n'auroit pas eu le mal
qu'elle avoit fenti au fein. Surquoi ladite Demoifelle
lui dit en foûriant : mais comment vouliez-vous que
je fiffe pour cacher l'état où j'étois ? Que quelques jours
après, elle Comparante, touchée du tort qu'on faifoit
à la Religion, alla trouver le fieur Bellette Vicaire de
S. Sauveur, à qui elle expofa le fait, & qui lui dit
qu'il en parleroit à feu Monfeigneur le Cardinal de
Noailles ; .... & de tout ce que deffus avons fait
faire lecture à la Comparante, laquelle dit qu'il contient verité, qu'elle y perfifte, & a figné avec nous
les jour & an que deffus. Signé, G. E. MAURISSET,
Veuve Defclaux, CHARLES, Archevêque de Paris.
Et plus bas, par Monfeigneur, MARTIN.

Déclaration faite à Monfeigneur l'Archevêque
de Paris par le fieur le Doulx le 30. Mars
1732. au fujet du prétendu Miracle qu'on difoit
avoir été operé en fa perfonne par l'interceffion
du fieur Pâris.

JE fouffigné, après m'être tranfporté volontairement
& librement, cejourd'huy trentiéme Mars mil fept
cens trente-deux, au Palais de Monfeigneur l'Archevêque de Paris, & après avoir prêté ferment de dire verité, ai déclaré à mondit Seigneur, que pour fatis-
faire aux remords de ma confcience, & pour réparer autant qu'il eft en moi, les fautes que j'ai commi-
fes, en publiant un prétendu Miracle operé en ma
faveur, par les mérites du fieur Pâris le vingt-un Juin
dernier, je me croyois obligé de lui certifier, que je
perfifte dans la déclaration que j'ai faite à Monfeigneur l'Evêque de Laon, le quatriéme de ce préfent
mois, touchant ledit prétendu Miracle, comme étant
la feule qui contienne verité, l'ayant faite de mon propre mouvement, & fans qu'on m'y ait obligé en aucu-

ne façon. Et fur ce que Monfeigneur l'Archevêque de Paris, a eu la bonté de me faire lire un Ecrit, qui a pour titre, *Copie de la Relation de la maladie & de la guérifon de Monfieur le Doulx*, laquelle Relation commence par ces mots, *Je Jean-Baptifte le Doulx*, *&c.* & que mondit Seigneur l'Archevêque m'a dit lui avoir été envoyée par quelques-uns des Curez de Paris, avec une Requéte qu'ils lui ont préfentée ; j'ai encore crû devoir déclarer à mondit Seigneur, que je n'ai jamais fçû que par le bruit commun, que lefdits Curez dûffent lui préfenter ladite Relation, que j'avouë avoir autrefois dreffée moi-même, à la follicitation de plufieurs perfonnes, & avoir été corrigée plufieurs fois par le fieur Verger, Chanoine de Tours ; mais laquelle ne contient point verité, la maladie que j'ai euë dans le tems marqué, n'ayant été qu'un fimple rhume, accompagné d'une migraine à laquelle je fuis fort fujet, & n'ayant jamais eu pendant les trois jours que dura ledit rhume, ni point de côté, ni hocquet, ni perte de connoiffance, tout mon plus grand mal confiftant dans les douleurs de tête, que me caufoit la migraine que j'avois. En foi de quoi ai figné, à Paris, l'an & jour que deffus. Signé, LE DOULX DE MISSY.

EXTRAIT DU PROCE'S VERBAL
dreffé en Efpagne par le Vicaire Général de la Ville de l'Efcurial, au fujet de la prétenduë guérifon miraculeufe operée en la perfonne de Don Alfonfe de Palacios.

DANS le Monaftere Royal de S. Laurent de l'Efcurial, le 5. du mois de Novembre de l'année 1734. Don Alphonfe Palacios, Habitant & natif de la Ville de Madrid, a comparu en perfonne devant moi Notaire ; & en vertu de la Commiffion qu'on m'a donnée par l'Acte ci-deſſus rapporté, j'ai d'abord reçû le ſerment en forme de droit, que ledit Palacios a fait bien & fidelement au nom de Dieu, & par la Croix de J. C. de dire & de déclarer la verité de tout ce qu'il ſçauroit, & de toutes les choſes ſur leſquelles on l'interrogeroit, ſuivant la teneur de la Requête du Promoteur Fiſcal, qui eſt rapportée ci-devant ; & après ce ſerment, il a dit & déclaré que tout ce qu'il peut dire, & qu'il déclare s'être paſſé dans ſa perſonne, eſt la pure verité ; à ſçavoir : Qu'étant âgé environ de douze ans, & en allant aux Claſſes de la Grammaire, en joüant avec d'autres enfans de ſon âge, un d'eux lui donna un coup dans l'œil gauche, dont il lui ſurvint une fluxion très-fâcheuſe, qui lui fit perdre entierement cet œil gauche, & il fut obligé de faire mettre à ſa place un œil de cryſtal, comme en effet il le porte encore aujourd'hui ; (& moi Notaire, je certifie avoir vû, touché & reconnu cet œil de cryſtal.) Mais cette fluxion qui lui creva l'œil gauche, étant enſuite tombée ſur l'œil droit, les Médecins ordonnerent qu'il abandonnât ſes études. Enſuite , ayant reçû quelque ſoulagement de cette fluxion , ſes parens déterminerent de l'envoyer à Paris avec ſon frere cadet, pour y reprendre les études ; comme en effet ils partirent tous deux ſur la fin de l'année 1729. & étant arrivez à Paris, on les mit Penſionnaires au College de Navarre, où celui qui fait ici ſa déclaration a demeuré environ quinze ou ſeize mois ; s'étant d'abord appliqué à apprendre la Langue Françoiſe, & ayant commencé enſuite à apprendre le Latin. Avec l'application qu'il étoit obligé d'y donner, une grande fluxion lui tomba ſur l'œil droit, de ſorte qu'à peine pouvoit-il voir. Etant dans cet état, on appella un Oculiſte pour lui appliquer des remedes à ſa fluxion, s'étant abſtenu quelque tems auparavant de toute ſorte d'application, ſans qu'il fût ſoulagé de ſa fluxion. Enfin l'Oculiſte ayant été appellé , lui recetta certaine eau dont il ne ſçait pas le nom ; & dans ce même tems environ, ſes compagnons & camarades du College de Navarre, lui dirent qu'un certain M. Pâris, mort quelque

ques années auparavant, faiſoit dés miracles , & lui en
raconterent quelques-uns, dont il ne ſe ſouvient point ;
& engagé par ces diſcours qu'on lui tenoit , comme il
ſouhaitoit ardemment la guériſon de ſon mal, il ſe re-
commanda à Dieu en confeſſant & communiant, & il
fit une neuvaine à M. Pâris, comme il voyoit que d'autres la faiſoient ; mais renonçant toûjours intérieure-
ment dans ſon cœur, à tout pacte ſuperſtitieux qu'il pourroit y avoir d'invoquer ce nouveau Saint, qu'il ſçavoit
bien n'être pas canoniſé, ni beatifié par l'Egliſe. Dans
ce tems-là, on lui appliqua pluſieurs fois l'eau dont l'O-
culiſte avoit ordonné la recette , & un certain matin
que l'Oculiſte lui avoit appliqué la nuit d'auparavant
trois ou quatre fois la même eau , il ſe trouva en ſe
réveillant avec quelque ſoulagement dans ſa fluxion ,
& commença à voir & diſcerner les objets un peu mieux,
quoique non pas avec la perfection qu'il avoit eue auparavant, & même juſqu'à préſent il n'a pû obtenir l'uſage
de la vûë & de ſon œil, auſſi parfait qu'il l'avoit avant
que cette fluxion lui ſurvint : & actuellement ſa vûë ſe
diminuë & s'affoiblit chaque jour. Il eſt bien vrai, qu'à
la vûë de ce ſoulagement qu'il venoit de recevoir,
ſes compagnons du College de Navarre, commencerent
à dire & publier à haute voix que c'étoit un miracle ;
mais que lui-même attribua plûtôt ce petit ſoulagement
de ſa fluxion au remede, que l'Oculiſte lui avoit appliqué par trois & quatre fois la nuit précedente , qu'à
toute autre cauſe. Il a été confirmé beaucoup plus dans
cette perſuaſion où il fut alors, depuis qu'étant retourné
à Madrid, il apprit que ſes parens informez de l'accident
ſurvenu à ſon œil droit, avoient fait des neuvaines à
ſaint Antoine de Pade, & à ſaint Diego d'Alcala, & il
croit même qu'ils avoient promis d'offrir à ſainte Lucie
de la cire de la peſanteur de ſon corps ; d'où il conclut
que s'il y avoit eu quelqu'effet ſurnaturel dans ce ſoulagement qu'il reſſentit, on devroit plûtôt l'attribuer à ces
Saints canoniſez, & non pas à M. Pâris. Mais il ne peut
ſe perſuader qu'il y ait eu en cela aucun effet ſurnaturel,
& il croit même en avoir une preuve convainquante,

b

parce qu'ayant invoqué ce M. Pâris, également pour obtenir le recouvrement de l'œil gauche qu'il avoit perdu, & pour obtenir la parfaite guérison de l'autre œil malade, il n'a obtenu ni l'un, ni l'autre; puisqu'il a toûjours eu depuis ce tems-là la vûë plus foible qu'il ne l'avoit auparavant, & l'œil droit toûjours sujet aux fluxions. Il est vrai, qu'étant retourné de Paris à Madrid, il a experimenté quelque soulagement dans sa fluxion parce qu'il s'est abstenu de toute sorte d'application par l'ordre de son pere & de sa mere, & parce que l'air chaud & sec de Madrid, lui est plus favorable; mais il a toûjours la vûë fort foible, sur tout pour voir de loin, & s'il lui arrive de s'appliquer un peu, quoi-que moderément, ou à lire, ou à écrire, la fluxion commence à retomber sur l'œil qui lui reste, & il a besoin pour s'en garantir, de se faire purger & saigner plusieurs fois l'année; & même une fois qu'il s'appliqua un peu trop, il eut une fluxion aussi grande que celle qu'il eut à Paris, & en resta quasi aveugle comme à Paris; & cela, même depuis son retour, lui est arrivé plusieurs fois, d'abord qu'il a voulu faire la moindre application, comme cela lui arrivoit avant que d'aller à Paris; ce qui est pour lui une preuve très-certaine, qu'il n'y a eu aucun effet surnaturel dans ce soulagement qu'il experimenta à Paris, puisqu'à la moindre chose, la fluxion lui retourne; & pour conserver l'usage de l'œil qui lui reste, & la vûë très-foible qu'il a, il est obligé de s'abstenir absolument de toute sorte d'application, & de faire souvent des remedes. Enfin il assure, que c'est-là la pure verité de tout ce qui s'est passé, & se passe en lui, sans ajoûter ni ôter rien. On lui a lû cette déclaration, & l'ayant oüie, il l'a ratifiée sur le serment qu'il avoit fait, & il a dit, quil étoit âgé environ de dix-neuf ans, & il a apposé son seing à tout cela, avec moi Notaire qui le certifie. Signé, DON ALFONSE DE PALACIOS.

Par moi, & devant moi, Signé, FRANÇOIS DE PAUL RODRIGUEZ, Notaire Apostolique.

LEs même jour, mois, & la même année susdits, le sieur Licencié Don Benoît Saapena a presenté pour Témoin de l'Information qu'il a offert de donner, le sieur Licencié Don Manuel Palacios, propre oncle, & frere du pere de Don Alfonse Palacios, Aumônier du Roy, Habitant de Madrid, & natif de la Ville de Logrogno; de qui, moi Notaire, j'ai reçû le serment qu'il a fait *in verbo Sacerdotis, tacto pectore*, de dire la verité sur tous les points dont on l'interrogeroit, & ayant été inrerrogé selon la teneur de la Requête rapportée au commencement, il a dit & déclaré. que tout ce qu'il sçait & peut assurer sur le fait dont il s'agit, est que Don Alfonse Palacios son neveu, qu'il connoît depuis qu'il avoit l'âge de six ans, a eu une vûë très-claire & très-belle, jusqu'à l'âge environ de douze ans, auquel tems il lui arriva qu'allant en classe avec d'autres enfans, un d'eux lui donna un coup dans l'œil gauche, qui lui causa d'abord une très-grande fluxion, & enfin lui fit perdre cet œil. Cette même fluxion tomba ensuite sur l'œil droit; & ayant laissé entierement les études & toute application par ordre des Médecins, la fluxion, qui avoit menacé l'œil qui lui restoit, diminua beaucoup; de sorte qu'avec cet œil il voyoit assez bien, & même de loin, ce qu'il ne peut faire aujourd'hui. Ses parens le voyant en cet état, déterminerent de l'envoyer à Paris pour y achever ses études, & il y alla en effet avec un autre frere cadet, qui reste encore à Paris. Il partit au mois de Decembre de l'année 1729, & il s'y appliqua à apprendre la langue Françoise, la Grammaire, & la Peinture. Il a demeuré à Paris quinze ou seize mois; ce fut pendant le cours de ce tems-là, que son frere cadet donna avis à ses parens, qu'il étoit tourmenté d'une grande fluxion qui menaçoit l'œil droit qui lui restoit. Ayant reçû cet avis à Madrid, ledit sieur Licencié son oncle, déclare qu'il avoit dit plusieurs Messes en l'honneur de sainte Lucie, pour obtenir sa guérison, & que son pere, sa mere & une petite sœur du susdit Alfonse Palacios, avoient fait differentes prieres, promesses & neuvaines à saint Diego d'Alcala, à saint Antoine de Pade & à sainte Lucie, à

la même intention ; & enfin que ledit sieur Licencié son
oncle, avoit fait exprès un voyage de Madrid à Alcala,
dour dire à cet effet la Messe à l'Autel où le corps de
saint Diego repose, & est vénéré des Fideles. Cependant
ledit Alfonse son neveu, ayant abandonné les études,
& étant retourné à Madrid, lui son oncle après avoir
bien examiné son œil droit, a observé qu'il n'avoit pas
la vûë aussi parfaite, ni aussi bonne qu'il l'avoit en par-
tant pour Paris ; & il déclare que depuis son retour
on a reconnu plusieurs fois la grande foiblesse de cet
œil, & sur tout dans une occasion, que s'étant appliqué
un peu trop à écrire, il lui survint aussi-tôt une fluxion
si fâcheuse, qu'on croyoit qu'il en perdroit cet œil qui
lui reste. Mais Dieu a permis, que lui ayant appliqué
plusieurs remedes, & ayant fait & fait faire plusieurs
prieres à Dieu par l'intercession des trois saints dont on
a déja parlé, la fluxion se dissipa, & il a conservé l'usage
de son œil. Enfin ledit sieur Licencié, qui déclare ceci,
ne peut se persuader, & ne croit pas qu'il y ait eu aucune
chose miraculeuse ni surnaturelle dans la guérison &
le soulagement de l'œil du susdit Don Alfonse son
neveu, puisqu'il est constant que la vûë de cet œil est
très-foible ; qu'il voit fort peu & de fort près, ce qui
n'étoit pas avant que d'aller à Paris ; car alors, il voyoit
assez bien de son œil, & même à une assez grande
distance. Outre cela, pour conserver l'œil & la vûë
qui lui reste, il est obligé d'être très-souvent dans les remedes, & sur tout dans la saison du Printems & de
l'Automne ; ce qu'il ne seroit certainement point obligé de faire, s'il y avoit eu quelque effet miraculeux. Au
reste il déclare, que tout ce qu'il vient de dire est public
& notoire, & la pure verité, sous le serment qu'il a
fait. On lui a lû ensuite sa déposition, il l'a ratifiée lui-
même, il a dit qu'il étoit âgé environ de vingt-sept
années, & il l'a soussignée avec moi le Notaire qui
le certifie.

Signé, Le Licencie' Don MANUEL DE PALA-
CIOS.

Par moi, & devant moi. Signé, FRANÇOIS DE
PAUL RODRIGUEZ, Notaire Apostolique.

LEs mêmes jour, mois & année fufdits, ledit Promoteur Fifcal Ecclefiaftique , a préfenté pour Témoin de cette même Information Don Matthieu-Jofeph
de Larrea, natif de la Ville de Victoria, & Habitant de
Madrid, de qui, moi le Notaire, j'ai reçû le ferment
en forme qu'il a fait bien & fidélement au nom de Dieu,
& par la Croix de Jefus-Chrift, de dire la verité dans
toutes les chofes fur lefquelles il feroit interrogé, &
ayant été en effet interrogé fuivant la teneur de la Requête ci-deffus ; il a dit & déclaré ; qu'il connoît de vûë,
d'amitié , & de familiarité Don Alfonfe Palacios, fils
de Don Jofeph Palacios, dès le tems qu'il n'avoit que fix
ans environ, & que depuis cet âge-là , jufqu'à l'âge
de douze ans , il a eu une bonne & belle vûë ; auquel
tems il lui arriva qu'allant aux claffes de la Grammaire ,
on lui donna un coup dans l'œil gauche, d'où il lui
furvint une grande fluxion, & nonobftant plufieurs remedes qu'on lui appliqua , enfin elle lui creva l'œil. Enfuite par l'application qu'il continuoit de donner à fes
études, une nouvelle fluxion lui tomba fur l'œil droit
qui lui reftoit , & par l'ordre des Medecins, il fut obligé
d'abandonner les études, & fans autre remede que celui
de s'abftenir de toute forte d'application , il fut guéri de
fa fluxion, & conferva l'ufage de fon œil, avec une affez
bonne vûë, qui difcernoit les objets de loin ; ce qu'il ne
peut faire aujourd'hui. Ses parens voyant que fa vûë
étoit en meilleur état, réfolurent enfin de l'envoyer avec
un autre de fes freres à Paris, au mois de Decembre de
l'année mil fept cens vingt-neuf, pour y continuer fes
études, ce qu'il fit , s'appliquant à apprendre la langue
Françoife, la Grammaire & la Peinture, & il y a demeuré pendant quinze à feize mois. Mais une grande fluxion
étant tombée pendant ce tems-là fur l'œil qui lui refte,
fon frere cadet, qui étoit avec lui à Paris, en informa fes
parens, qui fur cet avis firent differentes prieres & neuvaines à faint Diego d'Alcala, à faint Antoine de Pade,
& à fainte Lucie, pour obtenir la confervation de fon
œil ; & celui qui fait ici fa déclaration , fçait certainement,que fon oncle Aumônier du Roy , appellé Don

Manuel Palacios, alla exprès à Alcala, pour dire une
Melſe à cette intention, ſur l'Autel où repoſe le corps
de ſaint Diego. Nonobſtant tout cela, ledit Alfonſe Palacios fut obligé de quitter entiérement ſes études, & de
retourner à Madrid, par l'ordre de ſes parens, où il
demeure & a demeuré depuis ſon retour ; mais ſans
faire aucune application qui demande l'uſage & exer-
cice de la vûë avec quelqu'effort ; car d'abord qu'il s'ap-
plique un peu, la fluxion lui revient auſſi-tôt, comme
on l'a reconnu dans une occaſion où s'étant appliqué un
peu trop à écrire, il fut tourmenté d'une fluxion ſi vio-
lente, que tout le monde croyoit qu'il perdroit l'œil
droit, comme il avoit perdu auparavant l'œil gauche,
qu'il a aujourd'hui de cryſtal : mais Dieu permit que
cette fluxion ſe diſſipa enſuite, ſoit par l'effet des differens remedes qu'on lui appliqua, ſoit par les prieres
qu'on fit à Dieu par l'interceſſion des Saints, dont j'ai
déja fait mention ; & une fluxion ne manque jamais de
lui arriver, dès qu'il fait la moindre application qui fati-
gue la vûë. Ainſi celui qui fait ici cette préſente déclaration, ne ſe perſuade & ne croit pas, qu'il y ait eu, ni
qu'il y ait aucune choſe miraculeuſe & ſurnaturelle dans
la vûë, que conſerve aujourd'hui le ſuſdit Don Alfonſe Palacios de ſon œil droit ; puiſqu'il eſt conſtant qu'il a la vûë
très-foible, & voit ſeulement de fort près, ce qui n'étoit
pas, comme on l'a déja dit, avant que d'aller à Paris ; car
alors il diſcernoit les objets, même de loin ; & même pour
conſerver le peu de vûë qu'il a par l'organe de ſon œil
droit, il eſt obligé de faire ſouvent des remedes au Printems & en Automne ; à quoi il ne ſeroit pas réduit, s'il
y avoit eu quelqu'effet miraculeux dans la conſerva-
tion de ſon œil. Voilà ce qu'il ſçait, & ce qu'il peut dire
ſur les choſes dont on l'a interrogé, & c'eſt la verité
publique & notoire, & la commune opinion de tous ceux
qui connoiſſent & qui ont connu dans ſon Quartier à
Madrid ledit Don Alfonſe Palacios, ſoit avant qu'il partit pour aller à Paris, ſoit depuis qu'il en eſt retourné :
& tout ce qui eſt ici déclaré, conſte évidemment de l'ex-
perience qu'on peut faire de la foibleſſe de ſon œil droit.

On lui a lû enfuite ce qu'il a dit & dépofé, & l'ayant oüi, il l'a ratifié fous le ferment qu'il avoit fait, & il a dit, qu'il étoit âgé d'environ trente & un an ; & il a fouffigné fa dépofition avec moi, qui le certifie. Signé, DON MATTHIEU - JOSEPH DE LARREA.

> Devant moi, & par moi. Signé, FRANÇOIS DE PAUL RODRIGUEZ , Notaire Apoftolique.

DAns le College Royal de S. Laurent de Lefcurial le feiziéme jour du mois, & de l'année fufdits, le très-Reverend Pere Fr. Barthelemi de Villanueva , Recteur dudit College , & Provifeur Official, & Vicaire general de la Ville de Lefcurial & de fon diftrict, ayant vû & examiné la fufdite Information, qu'on lui a préfentée pardevant moi Notaire, il a dit, qu'attendu que les témoins qui ont fait leur dépofition, font tous des perfonnes d'honneur , de bonnes mœurs, & dignes de créance ;& que l'on a toûjours donné une entiere foi à leurs dépofitions , foit en Jugement, foit hors de Jugement, il approuvoit, & a approuvé la fufdite Information ; & qu'il interpofoit , & a interpofé toute l'autorité de fa Jurifdiction, telle qu'il peut, & qu'il doit la donner, & qu'on lui a demandée, afin que cette Information faffe une foi pleine & legale , foit en Jugement, foit hors de Jugement ; enfin qu'il ordonnoit, & a ordonné qu'étant legalifée & autorifée en bonne forme authentique , de maniere qu'elle puiffe faire foi, foit au dedans, foit au dehors du Royaume, on en délivre l'Original au fieur Licencié, Dom Benoît-Jofeph Saapena Promoteur Fifcal Eccléfiaftique de cette Officialité, afin qu'il en faffe l'ufage qu'il conviendra, & où il conviendra, pour l'effet pour lequel il l'a demandée. Ainfi l'a déterminé & ordonné ; & il l'a fouffignée en appofant fa Rubrique ; ce que je certifie. Signé, Fr. BARTHELEMI DE VILLANUEVA.

> Pardevant moi. Signé, FRANÇOIS DE PAUL RODRIGUES. Notaire Apoftolique.

Déclaration faite le 5. d'Août 1731. & certifiée veritable à Monseigneur l'Archevêque de Paris, le 9. du même mois par M. Goulard Archidiacre, & M. Courcier Théologal de Paris, au sujet du prétendu miracle de punition operé en la personne de la Veuve de Lorme.

LE Dimanche cinquiéme jour d'Août, la Mere Prieure nous ayant fait prier d'aller à l'Hôtel-Dieu, nous nous y rendîmes sur les onze heures du matin ; on nous y apprit que la veille au soir, on y avoit apporté une femme paralytique de la moitié du corps, qui étoit suivie d'une grande foule de monde ; que cette femme avoit été frappée de la paralysie sur le tombeau de M. Pâris, & qu'on disoit que c'étoit une punition de Dieu, parce que cette femme se mocquoit des miracles de M. Pâris, & qu'elle ne s'étoit transportée à son tombeau que par un esprit de dérision. Un Prêtre de l'Hôtel-Dieu nommé M. Macmahon, nous rapporta que la Religieuse qui étoit à la porte, l'avoit appellé pour inscrire le nom de la malade sur le Registre des malades, suivant l'usage ; & qu'il avoit demandé à la malade, si elle étoit malade, lorsqu'elle avoit été à S. Medard ? qu'elle lui avoit répondu, qu'oüi ; ce qui avoit été entendu de plusieurs personnes, dont il avoit les noms, qui nous rendirent ledit jour & le lendemain le même témoignage. Le sieur Macmahon lui demanda encore, si elle avoit été sur le tombeau de M. Pâris par un esprit de dérision ? à quoi elle avoit répondu, que non ; mais qu'elle y avoit été avec confiance, esperant sa guérison par son intercession.

Le reste de la matinée s'étant passé à entendre la Mere Prieure & quelqu'autres personnes, nous retournâmes l'après midi sur les trois heures à l'Hôtel-Dieu pour parler à la malade ; & lui ayant fait les mêmes demandes que M. Macmahon lui avoit faites ; elle nous fit les mêmes réponses ; & lorsque nous lui demandâmes, si elle avoit été au tombeau de M. Pâris par un esprit de mocquerie & de dérision ? elle nous dit, non ; accompagnant ce mot, d'un air & d'un geste qui marquoit l'éloignement qu'elle avoit d'une pareille dissimulation. Cependant, nous ayant été rapporté sur le soir du même jour, que cette femme étoit visitée par une infinité de personnes ; qu'elle avoit changé de langage, & qu'elle disoit le contraire de ce qu'elle nous avoit dit ; nous allâmes le lendemain la voir, & nous lui demandâmes encore, si elle n'étoit pas malade lorsqu'elle avoit été au tombeau de M. Paris ? elle nous dit, que non ; nous lui demandâmes encore, si elle y avoit été pour se mocquer ? elle nous dit, qu'oüi, & qu'alors elle n'aimoit pas cet homme ; mais qu'à présent ce n'étoit pas de même, & que Dieu l'avoit punie. Nous lui dîmes, qu'elle nous avoit dit le contraire la veille ? elle répondit, qu'elle ne s'en souvenoit pas. Nous lui demandâmes, si quelqu'un l'avoit poussée à cet acte de dérision ? elle répondit, non ; & si on lui avoit donné ou promis quelque chose pour l'engager à joüer ce personnage ? elle assura, que non. Certifié veritable à Monseigneur l'Archevêque, avec serment, par nous soussignés, Chanoines de l'Eglise de Paris, Visiteurs de l'Hôtel-Dieu, ce neuviéme jour d'Août mil sept cens trente-un. Signés, J. GOULARD, Archidiacre, Chanoine de l'Eglise de Paris. COURCIER, Théologal de Paris.

Déclaration faite par écrit le 8. d'Août 1731. à Monseigneur l'Archevêque de Paris, par le sieur Jouanin, Prêtre de l'Hôtel-Dieu, au sujet du prétendu miracle de punition operé sur la Veuve de Lorme.

MONSEIGNEUR,

En execution de vos ordres, j'aurai l'honneur de dire à VOTRE GRANDEUR, ce que je sçai d'une nommée Gabrielle Gautier, âgée de foixante ans, native de Vitry, près Paris, Veuve de Pierre de Lorme, & ci-devant demeurante à l'Image faint Etienne fur le Pont au Change. Le bruit s'eſt répandu, que ladite Gautier faine de corps, & d'une fanté parfaite, ayant été au tombeau du fieur Pâris, par dérifion, elle y avoit été frappée d'une paralyfie confiderable, en punition de fa témerité & de fon impieté. (Le vrai eſt, qu'elle a été apportée malade à l'Hôtel-Dieu, où elle eſt, dans la Salle de fainte Martine, tous les jours vifitée par des Prêtres du dehors, & autres perfonnes, qui ne ceffent de lui parler en fecret & en particulier.) Dès que je fçûs fon arrivée audit Hôtel-Dieu, & qu'elle étoit dans la Salle qui m'appartient, je la fus voir ; & lui ayant de-mandé le motif qui l'avoit conduite au tombeau du fieur Pâris ? elle me répondit fans héfiter ni biaifer, que ç'avoit été la devotion & l'envie d'obtenir fa guérifon. par les prieres dudit fieur Pâris. C'étoit à moi de la confeſſer, comme étant Prêtre de la Salle ; mais on fçut bien l'en empêcher. On fit venir Monfieur Chaulin, Prêtre de faint Jacques de la Boucherie, qui fe dit fon Confeſſeur ordinaire ; il la confeſſa, je ne fçai fi ce fut le Diman-che ; mais ce que je fçai, c'eſt qu'elle fut communiée le Lundi, par les mains de Monfieur de Cognafcet, Prê-tre, Vicaire audit Hôtel-Dieu, fans l'avertir de l'état, ni de la qualité de la perfonne, afin d'y affortir fa petite ex-hortation, & fans m'avertir moi-même, contre l'ordre & la coûtume de la Maifon, qui veut qu'on avertiſſe le Prê-tre de la Salle, quand il y a quelqu'un à communier qui a été confeſſé par quelque Prêtre du dehors ; afin que parlant à la perfonne, il fçache d'elle fi elle n'a rien à dire qu'elle ait oublié & dont elle fe foit reſſouvenuë. Mais ayant fçû qu'elle avoit communié, je me rendis à l'heure accoûtumée à mes Salles, où je confeſſai dans celle où eſt ladite Gautier, une malade qui m'attendoit. Un quart d'heure après, étant encore au lit de ma malade, je vis deux Ecclefiaſtiques, à moi inconnus, approcher du lit de ladite Gautier, lui parler à l'alternative, tout bas, & en fecret à l'oreille. Ma Confeſſion finie, je m'approchai du lit de ladite Gautier, mais avec peine ; car ces deux Ecclesiastiques ne voulurent presque pas me permettre de lui parler ; mais je leur dis que par le droit que me donne la place que je tiens à l'Hôtel-Dieu, j'avois celui de parler & de consoler toutes sortes de malades, & que je devois joüir de cette liberté. Ils me dirent que cette malade n'étoit point entre mes mains ; mais en celles des Superieurs de l'Hôtel-Dieu & de son Confesseur. Je leur répondis, que nonobstant j'étois en droit, & que c'étoit mon devoir de voir tous les malades tels qu'ils soient, pour leur offrir les services qui me regardent, comme de les exhorter à la patience & à la confiance en Dieu. Enfin ne pouvant plus résister, ils furent obligés de me laisser approcher. Je priai ces deux Messieurs d'approcher avec moi ; ils s'approcherent, & dix à douze autres personnes avec eux. Je parlai à ladite Gautier, & lui représentant qu'elle avoit eu le bonheur de recevoir son Dieu, je la priai de rendre un témoignage fidéle & sincere à la verité. Allons, ma Fille, lui dis-je, rendez gloire à Dieu. Vous souvenez-vous de ce que vous me dîtes le jour même que vous arrivâtes ici ? elle me répondit, qu'oüi. Dites-nous donc hautement & autant que vous le pouvez faire. Quel est le motif qui vous a conduite au tombeau du sieur Pâris? C'est la pieté & la devotion, & la confiance que j'obtiendrois de Dieu, par lui, la santé. Je priai les Assistans de bien entendre & retenir cette déclaration ; mais les deux Ecclesiastiques oserent me soutenir qu'elle disoit autrement ; c'est-à-dire, qu'elle se portoit bien avant d'aller au tombeau du sieur Pâris, & qu'elle y étoit allée par dérision. Mais voulant couvrir de confusion ces deux Ecclesiastiques en présence des autres Assistans (malheureusement je n'en connois aucun,) j'interroge une seconde & troisiéme fois ladite Gautier. Madame, lui dis-je, dites-nous encore une fois : en quel esprit vous avez été au tombeau du sieur Pâris ? Je vous l'ai déja dit, répondit-elle, j'y ai été avec devotion & esperance de guérison. Vous êtiez donc malade avant d'y aller, repris-je ? Oüi, Monsieur, me dit-elle, j'avois les pieds & les mains comme engourdis,

& la tête embarassée. N'y êtes-vous point allée par mocquerie ni par dérision ? Non, Monsieur, je vous assure, j'y ai été avec une grande envie d'être guérie. Après des declarations si claires & si positives, me tournant vers ces deux Ecclesiastiques, je leur dis : qu'en pensez-vous, Messieurs, peut-on parler & répondre plus positivement ? Fut-il rien qui détruise mieux le faux bruit répandu ? Voilà la supercherie découverte, par l'aveu même de la personne la plus interessée. Qu'avez-vous à répondre, vous l'avez entendue ? C'est dans sa propre cause qu'elle a parlé. Je ne lui ai point parlé en secret ni à l'oreille, je ne l'ai point préparée en particulier à me dire, vous présents, ce qu'elle vient de nous déclarer ; je ne lui ai offert, promis ni donné argent ni or ; je ne lui ai fait ni promesses, ni presens. N'est-ce pas, Madame ? Parlez, lui dis-je. Non, répondit-elle, Monsieur. Eh bien, repris-je ; eh bien, Madame, m'avez-vous dit la verité en présence de ces Messieurs & de ces Dames ? Oüi, Monsieur, dit-elle. Je ne sçai, MONSEIGNEUR, ce qui s'est passé du depuis dans cette Salle où est ladite Gautier ; mais ce que je sçai, c'est qu'on me conduisit hors la Salle par le surplis ; que la Mere de la Salle m'en fit sortir par la manche, me disant : qu'il ne me convenoit, ni qu'il ne m'appartenoit point de me mêler de cette affaire. Le Suisse même, qu'on avoit mis à la porte de ladite Salle, m'en a refusé l'entrée. Voilà, MONSEIGNEUR, ce que j'atteste & certifie veritable, sur les saints Evangiles & mes saints Ordres, offrant de le soutenir aux dépens même de ma vie. A Paris le huit Août mil sept cens trente-un.

Signé, JOUANIN, Prêtre.

Déclaration faite le 8. Août à Monseigneur l'Archevêque de Paris, par M. d'Audifret de Beauchamps, Prêtre de l'Hôtel-Dieu, au sujet du prétendu miracle de punition operé sur la Veuve de Lorme.

Monseigneur,

Suivant les ordres que vous m'avez donné d'informer Votre Grandeur de ce que je sçais touchant le prétendu miracle de justice operé en la personne de Gabrielle Gautier, Veuve de Pierre de Lorme, sur le tombeau de Monsieur Pâris, où elle a été, à ce que l'on dit, par dérision, & sans être malade, & où elle a été frapée par une main invisible d'une espece de paralysie en punition de son impieté ; j'aurai l'honneur de lui dire, que ladite Gabrielle Gautier ayant été transportée malade le quatre de ce mois à l'Hôtel-Dieu, à la Salle de sainte Martine, parmi les acclamations du Peuple sur ce miracle, je voulus sçavoir par moi-même la verité de la chose ; & croyant être obligé, comme un des Curez de ladite Salle pendant cette quinzaine, de m'éclaircir du fait, pour en rendre témoignage, je fus la trouver le lendemain à son lit, où lui ayant montré le Crucifix, & l'ayant conjurée par les motifs les plus pressans & les termes les plus patétiques de me dire de quoi il étoit question, dans ce bruit qui couroit sur son compte, sans rien falsifier, ajoûter ou diminuer, elle m'a dit, que veritablement elle s'étoit trouvée Paralitique, comme je la voyois, sur le tombeau de M. Pâris, où elle s'étoit mise, mais qu'elle ne sçavoit pas comment. Sur quoi je lui ai demandé, dans quel esprit, dans quel dessein elle y avoit été. Elle m'a répondu, qu'elle n'en avoit point eu d'autre que d'y recevoir la guérison. Je l'ai interrogée là-dessus, si elle étoit malade auparavant?

Elle m'a dit, qu'oüi ; qu'elle fentoit des avant-coureurs de ce qui lui étoit arrivé, & qu'elle avoit le bout des mains & des pieds engourdis. Je lui ai répliqué pour un plus grand éclairciffement, fi perfonne ne l'avoit engagée à cette démarche, & fi les préfens, les promeffes & les menaces n'y avoient point de part ? Elle m'a repliqué, que c'étoit de fon pur mouvement, & uniquement pour avoir part aux faveurs de M. Pâris, que l'on proclamoit partout, & dont tout le monde faifoit tant de cas.

Voilà, MONSEIGNEUR, ce que ladite Gabrielle Gautier m'a dit & redit le lendemain de fon accident & de fon arrivée à l'Hôtel-Dieu ; ce que je certifie & j'attefte contenir la verité, & ce que je fuis prêt à jurer fur les faints Evangiles, lorfque VOTRE GRANDEUR voudra l'exiger de moi. Ce huit Août mil fept cens trente-un.

Signé, D'AUDIFRET DE BEAUCHAMPS, Prêtre, & Vicaire de l'Hôtel-Dieu.

Procès verbal dreffé au fujet de la Veuve de Lorme, & déclaration de ladite de Lorme, faite le 28. Avril 1732. entre les mains de M. Robinet, Vicaire General de Monfeigneur l'Archevêque de Paris.

L'AN mil fept cens trente-deux, le vingt-huit Avril, à trois heures de relevée. Nous URBAIN ROBINET, Prêtre, Docteur en Théologie de la Faculté de Paris, Abbé de Bellofanne, Chanoine de l'Eglife de Paris, Vicaire General & Official de Paris, & Commiffaire en cette partie, nommé par Mgr l'Archevêque de Paris, par fon Ordonnance de ce jourd'hui, au bas du Requifitoire à lui préfenté par le Promoteur General de l'Archevêché de Paris ; Nous fommes en execution de l'Ordonnance de cedit jour étant au bas du Requifitoire à Nous préfenté par ledit Promoteur, afin d'acceptation de ladite Commission, transportés, à la requête dudit Promoteur, dans la Chapelle de l'Infirmerie des Dames Capucines de la Place de Vendôme de cette Ville, où étant, est comparuë devant Nous à la grille de ladite Chapelle, Gabrielle Gautier, Veuve de Pierre de Lorme Soldat Invalide, laquelle après serment par elle prêté, & promis sur icelui de dire verité, nous a fait la déclaration suivante ; que la nuit du jour où elle fut à saint Medard, elle s'éveilla sur les trois heures, & qu'alors elle se trouva de travers sur son lit, elle sentit des éblouïssemens & des étourdissemens, qui l'obligerent à descendre de son lit, ce qu'elle fit neanmoins avec beaucoup de peine ; & étant ainsi levée, elle alla chercher un fusil, propre à faire du feu, & ayant allumé une chandelle, elle voulut descendre chez la Demoiselle du Perret qui logeoit au troisiéme de la maison où elle Déclarante demeuroit, pour lui demander du secours : mais craignant de tomber à raison de la foiblesse où elle se trouvoit, & d'une hausse qu'il falloit passer, elle prit la résolution de se recoucher dans son lit, ce qu'elle fit en faisant le signe de la Croix, & alors elle s'endormit, & ne se réveilla qu'au jour. Etant descenduë, elle fut chez Madame Henry à la Pomme d'or, où elle trouva une fille de Boutique, à qui elle raconta ce qui lui étoit arrivé pendant la nuit, & ladite fille de Boutique répondit, que cela étoit bien fâcheux. Elle avoit trouvé en descendant de chez elle la Damoiselle du Perret Blanchisseuse, à qui elle avoit raconté le même accident, & ladite du Perret lui demanda, pourquoi elle n'étoit pas descenduë pendant la nuit pour chercher du secours ? A quoi elle Déclarante répondit, qu'elle avoit appréhendé dans l'embarras où elle se trouvoit, de tomber & de se casser la tête en descendant. Au sortir de la maison de la Dame Henry, elle Déclarante alla au Marché Neuf acheter un pain de quatre livres, qu'elle porta dans sa chambre ; & étant alors dans la résolution d'aller voir à saint Medard les miracles qu'on lui avoit dit s'opérer audit lieu par l'intercession de Monsieur de Pâris, elle passa par le Quay de Gesvres, traversa le Pont Notre-Dame, le petit Châtelet, & trouva fur fon chemin le fieur Chaulin Prêtre de faint Jacques de la Boucherie fon Confeffeur, à qui elle ne parla point, & s'en alla droit à faint Medard, où elle entendit une Meffe, vers le milieu de laquelle elle fentit un grand mal de tête avec des étourdiffemens ; & alors elle dit : J'ai un grand mal de tête ; ce qui engagea deux femmes, qui étoient proche d'elle Declarante, de lui dire : Venez fur la tombe : à qui elle Déclarante répondit : Moi, quand je fuis malade, je vais à fainte Geneviéve : à quoi lefdites femmes ne répondirent rien ; mais prirent elle Déclarante par-deffous les bras, & la conduifirent en difant : Venez, vous vous en trouverez bien ; à quoi elle confentit & fe laiffa conduire ; & lefdites femmes l'ayant couchée fur la tombe de Monfieur de Pâris fur le côté droit, elle Déclarante fentit que fa joüe lui tournoit, & que ledit côté droit étoit entrepris ; pourquoi elle leva la main gauche en haut, en s'écriant : Mon Dieu, ayez pitié de moi ! Ce qui fut les feules paroles qu'elle dit. Ayant apperçû, couchée ainfi fur le côté, la Dame Malbefte, Marchande de fil & foye, de la connoiffance d'elle Déclarante, elle lui dit: Mademoifelle, ayez pitié de moi ! Mademoifelle Malebefte ! Laquelle dite Malbefte ne répondit rien, & tourna le dos à elle Déclarante ; & à l'inftant, elle Déclarante fut relevée de la tombe par deux hommes, qui la firent affeoir fur une chaife ; & une Demoifelle fe préfenta à elle Déclarante, lui demanda fi elle ne connoiffoit perfonne : à quoi elle répondit, qu'elle connoiffoit la Demoifelle Malbefte ; mais que ladite Demoifelle lui avoit tourné le dos ; & ladite Demoifelle qui s'étoit approchée de fa chaife, la fit conduire par un garçon chez un Menuifier, qui étoit voifin du Cimetiere, d'où ayant envoyé chercher une Vinaigrette, elle Déclarante fut mife dedans, & conduite dans la maifon qu'elle habitoit, accompagnée d'une multitude infinie de peuple : ne fçait pas elle Déclarante ce qu'ils difoient. Ayant été montée dans fa chambre par le Broüeteur & un autre Garçon, elle fut couchée dans fon lit ; & alors Mademoifelle du Perret dit, nous n'avons perfonne pour la

folliciter ; & on envoya chez les Sœurs de Charité &
chez le Médecin , pendant lequel tems elle Déclarante
demeura feule ; & ladite du Perret avec une Sœur de
la Charité étant enfuite entrées dans fa chambre , elles la
trouverent tombée de fon lit par terre, toute enfanglan-
tée ; & elles lui dirent : Madame de Lorme, voulez-vous
aller à l'Hôtel-Dieu ? à quoi elle Déclarante répondit :
Tout ce que vous voudrez ; pourquoi ayant été mife
dans un Fiacre, elle fut conduite à l'Hôtel-Dieu, & ayant
été defcenduë à la porte, fe fouvient qu'il y avoit une infinité de monde ; qu'entr'autres, elle vit un Prêtre devant
elle, mais ne fe fouvient pas , ni s'il lui a parlé , ni fi elle
lui a répondu ; ne fe fouvient pas non plus de ce qui s'eft
paffé à l'Hôtel-Dieu pendant les quatre ou cinq premiers
jours qu'elle y a été ; ne fe fouvient pas d'avoir été con-
feffée ni d'avoir reçû le faint Viatique, ni d'avoir requis
le fieur Chaulin pour la confeffer ; fe fouvient feulement,
d'avoir vû le fieur Chaulin pendant ces jours-là avec
plufieurs perfonnes, & d'avoir dit oüi, quand il lui a dit
de dire oüi. Lorfqu'elle a commencé à être un peu
mieux , la Mere de la Salle où elle Déclarante étoit, lui
difoit : Vous n'avez qu'à vous affurer de refter avec moi ;
& ladite Mere de la Salle , dont elle ne fçait pas le nom ,
quand on demandoit à elle Déclarante, fi elle n'avoit
pas été pour fe mocquer fur le tombeau de Monfieur de
Pâris , lui difoit de répondre oüi, & elle Déclarante difoit
oüi, n'ofant pas contredire ladite Mere de la Salle ,
parce qu'elle avoit promis de prendre foin d'elle Déclarante, pourvû qu'elle Déclarante dit comme elle Mere
de la Salle ; fe fouvient très-bien d'avoir dans fa con-
valefcence demandé les Sacremens , ne croyant pas les
avoir reçûs, & trouvant qu'il y avoit long-tems qu'elle
en étoit privée. Déclare, que pendant fa convalefcen-
ce Madame Henry eft venuë voir elle Déclarante, à qui
ladite Dame Henry donnoit de l'ouvrage , & qu'elle lui
défendit de dire qu'elle Déclarante fe fut trouvée mal
dans fa chambre la nuit qui preceda le jour auquel elle
alla à faint Medard , ce qu'elle Déclarante executa ,
dans la crainte que cette Dame dans la fuite ne lui refu-

fât de l'ouvrage. Déclare encore se souvenir très-bien, qu'avant & pendant l'accident qui lui est arrivé, elle n'a jamais ni mal pensé, ni mal parlé de Monsieur de Pâris ; qu'elle n'a point été à S. Medard & au tombeau dudit sieur de Pâris pour se mocquer, & qu'elle y alla seulement pour voir ce qui s'y passoit, & s'il s'y faisoit des miracles. Déclare, que depuis sa convalescence on lui a dit, que le sieur Chaulin pendant les premiers jours qu'elle a été mise à l'Hôtel-Dieu, a fait dresser un Acte par des Notaires & en présence de Témoins, dans lequel on a assuré à ladite Déclarante, que ledit Chaulin lui avoit fait répondre de plusieurs faits énoncés audit Acte, que ledit Chaulin a énoncés sous le nom d'elle Déclarante, comme étant prié & requis par elle avant de l'entendre en confession, de les rendre publics ; pourquoi lui avons fait faire lecture par notre Greffier dudit Acte & des faits y énoncés, & après les avoir entendus, elle déclare, que lesdits faits ne sont pas conformes à la verité ; n'avoir point prié le sieur Chaulin d'en faire la déclaration en son nom, n'étant point alors en état de faire une pareille requisition, ni même d'y penser ; de maniere, que si on lui avoit demandé quelque chose où il auroit fallu dire oüi ou non, elle auroit répondu conformément à ce qu'on lui auroit dicté & inspiré. Lecture à elle faite de la présente déclaration, a dit icelle contenir verité, y a persisté & déclaré ne sçavoir signer, de ce enquise. Ce fait en présence de Reverend Pere Dominique-François de Paris, Provincial des Capucins ; Reverend Pere Claude-Marie d'Amiens, premier Définiteur & Gardien des Capucins du Couvent de saint Honoré ; Reverend Pere Theodore de Paris, Secretaire dudit Reverend Pere Provincial ; Reverend Pere Urbain de Paris, Confesseur des Capucines ; de Sœur Anne de l'Assomption, Abbesse des Capucines, Sœur Marie-Antoine de la Passion, Vicaire ; Sœur Hierothée de Saint Denis, ancienne Abbesse des Capucines ; Sœur Marie de Sainte Colette, Discrete ; & de Sœur Marie de Saint François, Discrete ; qui ont signé avec Nous. Dont & de ce que dessus Nous avons fait dresser le présent Procès Verbal par notre Greffier, en ladite Chapelle de l'Infirmerie des Capucines, les jour & an que dessus. Signés, F. DOMINIQUE-FRANÇOIS DE PARIS, Capucin Provincial. F. CLAUDE-MARIE D'AMIENS, premier Définiteur & Gardien des Capucins de saint Honoré. F. THEODORE DE PARIS, Secretaire du Pere Provincial. F. URBAIN DE PARIS, Capucin Confesseur. Sœur ANNE DE L'ASSOMPTION, Abbesse des Capucines Filles de la Passion de Paris. Sœur MARIE DE SAINT ANTOINE, Vicaire. Sœur HIEROTHE'E DE SAINT DENIS, ancienne Abbesse. Sœur MARIE DE SAINTE COLETTE, Discrete. Sœur MARIE DE SAINT FRANÇOIS, Discrete. ROBINET & GERVAIS.

Après les déclarations de la Dlle de Laloe & de la Sage-Femme, on a crû inutile de faire imprimer celles de la Dame d'Aubigné, & du sieur Bellette. Elles sont déposées au Secretariat de l'Archevêché.

PRIVILEGE DU ROY.

LOUIS par la grace de Dieu, Roy de France & de Navarre: A nos amez & feaux Conseillers les Gens tenans nos Cours de Parlement, Maîtres des Requêtes ordinaires de notre Hôtel, Grand Conseil, Prévôt de Paris, Baillifs, Sénéchaux, leurs Lieutenans Civils, & autres nos Justiciers qu'il appartiendra, SALUT. Notre très-cher & bien-amé Cousin CHARLES-GASPARD-GUILLAUME DE VINTIMILLE DES COMTES DE MARSEILLE DU LUC, Archevêque de Paris, Duc de S. Cloud, Pair de France, Commandeur de l'Ordre du Saint-Esprit, Nous a fait exposer qu'il auroit besoin de nos Lettres de Privilege pour l'impression des Usages de son Diocèse; & d'autant qu'il lui est important que lesdits Usages ci-dessous expliquez ne puissent être imprimez par autres Libraires ou Imprimeurs, que par celui qu'il choisira,

il Nous a supplié de lui accorder nos Lettres sur ce nécessaires. A CES CAUSES, voulant favorablement
traiter notredit Cousin, & seconder ses pieuses intentions, Nous lui avons permis & permettons par ces présentes, de faire imprimer par tel Imprimeur ou Libraire qu'il voudra choisir, tous *les Breviaires*, *Diur-
naux*, *Messels*, *Rituels*, *Antiphoniers*, *Manuels*, *Gra-
duels*, *Processionaux*, *Epistoliers*, *Psautiers*, *demi-
Psautiers*, *Directoires*, *Heures*, *Catechismes*, *Ordonnances*, *Mandemens*, *Statuts Synodaux*, *Lettres Pasto-
rales & Instructions à l'usage de sondit Diocése*, en tels
volumes, forme, marge, caractere, conjointement
ou séparément, & autant de fois que bon lui semblera,
& de les faire vendre & débiter par tout notre Royaume
pendant le tems de douze années consécutives, à
compter du jour de la date desdites Présentes, sans tou-
tefois qu'à l'occasion des Livres ci-dessus spécifiez,
il puisse en être imprimez d'autres, qui ne soient pas
de notredit Cousin. Faisons défenses à toutes sortes de
personnes, de quelque qualité & condition qu'elles
soient, d'en introduire d'impression étrangere dans aucun lieu de notre obéïssance ; comme aussi à tous Libraires, Imprimeurs & autres, que celui que notredit
Cousin aura choisi, d'imprimer ou faire imprimer,
vendre, faire vendre, débiter ni contrefaire lesdits Livres ci-dessus specifiez, en tout ni en partie, ni d'en
faire aucuns extraits sous quelque prétexte que ce soit,
d'augmentation, correction, changement de titres,
même de traduction en langue latine, étrangere ou autrement, sans la permission expresse, & par écrit de
notredit Cousin, ou de ceux qui auront droit de lui, à
peine de confiscation des Exemplaires contrefaits, de
six mille livres d'amende contre chacun des contreve-
nans, dont un tiers à Nous, un tiers à l'Hôtel-Dieu de
Paris, l'autre tiers à notredit Cousin, ou à celui qui
aura droit de lui, & de tous dépens, dommages &
interêts ; à la charge que ces Présentes seront enregis-
trées tout au long sur le Registre de la Communauté
des Libraires & Imprimeurs de Paris, dans trois mois

de la date d'icelles ; que l'impreſſion de ces Livres ſera faite dans notre Royaume, & non ailleurs, en bon papier, beaux caracteres, conformément aux Reglemens de la Librairie, & qu'avant que de les expoſer en vente, les Manuſcrits ou Imprimés qui auront ſervi de copie à l'impreſſion deſdits Livres, ſeront remis ès mains de notre tres-cher & feal Chevalier Garde des Sceaux de France, le ſieur Chauvelin ; & qu'il en ſera enſuite remis deux exemplaires de chacun dans notre Bibliotheque publique, un dans celle de notre Château du Louvre, & un dans celle de notredit très-cher & feal Chevalier Garde des Sceaux de France, le ſieur Chauvelin ; le tout à peine de nullité des Preſentes : du contenu deſquelles vous mandons & enjoignons de faire joüir notredit Couſin, ou ceux qui auront droit de lui, & ſes ayans cauſe, pleinement & paiſiblement, ſans ſouffrir qu'il leur ſoit fait aucun trouble ou empêchement. Voulons que la copie deſdites Preſentes, qui ſera imprimée tout au long, au commencement, ou à la fin deſdits Livres, ſoit tenuë pour duëment ſignifiée, & qu'aux copies collationnées par l'un de nos amez & feaux Conſeillers & Secretaires, foi ſoit ajoûtée comme à l'Original. Commandons au premier notre Huiſſier ou Sergent, de faire pour l'éxecution d'icelles tous Actes requis & néceſſaires, ſans demander autre permiſſion, & nonobſtant clameur de Haro, Charte Normande, & Lettres à ce contraires : CAR tel eſt notre plaiſir. DONNE' à Verſailles le quatorziéme jour du mois d'Octobre, l'an de grace mil ſept cens vingt-neuf, & de notre Regne le quinziéme. Par le Roy en ſon Conſeil. Signé, SAINSON.

Regiſtré ſur le Regiſtre VII. de la Chambre Royale & Syndicale de la Librairie & Imprimerie de Paris, N°. 464. folio 406. conformément au Reglement de 1723. qui fait défenſes Art. IV. à toutes perſonnes de quelques qualitez qu'elles ſoient, autres que les Libraires & Imprimeurs, de vendre, débiter, & faire afficher au-

euns Livres , pour les vendre en leurs noms , soit qu'ils s'en disent les Auteurs ou autrement ; & à la charge de fournir les Exemplaires prescrits par l'Art. CVIII. du même Reglement. A Paris , le 21. Octobre 1729. Signé, P. A. LE MERCIER, Syndic.

CHARLES-GASPARD-GUILLAUME DE VIN-TIMILLE, DES COMTES DE MARSEILLE DU LUC, par la Misericorde divine & par la Grace du S. Siege Apostolique, Archevêque de Paris, Duc de saint Cloud, Pair de France, Commandeur de l'Ordre du saint Esprit, &c. Nous avons cedé & transporté, cedons & transportons par ces présentes à PIERRE SIMON notre Imprimeur & Libraire, le droit de privilege qui Nous appartient en conséquence des Lettres Patentes de Sa Majesté à nous accordées le quatorze d'Octobre mil sept cens vingt-neuf, pour en joüir par ledit Simon & ses ayans cause, comme de choses à lui appartenantes, & pour en vertu dudit privilege imprimer, vendre & distribuer tous les Livres servans pour le Service divin à l'usage de notre Diocèse, tant pour les Ecclésiastiques, que pour les Laïques, Livres de Prieres, Jubilez, Instructions pour gagner le Jubilé, Catechismes, Indulgences, Ordonnances, Mandemens, Brefs, Decrets, Monitoires & autres Actes & Ouvrages pour le bien & utilité de notredit Diocèse, & qui paroîtront sous notre nom, tout ainsi & en la maniere qu'il est plus au long porté audit Privilege, dont nous lui avons fait remettre copie collationnée. DONNE' à Paris le vingt-cinquiéme de Janvier mil sept cens trente-un.

† CHARLES, Archevêque de Paris.
Par Monseigneur,
MARTIN.

Registré sur le Registre VIII. de la Chambre Royale des Libraires & Imprimeurs de Paris, page 113. conformément aux Reglemens, & notamment à l'Arrêt du Conseil du 13. Août 1703. A Paris le 31. Janvier 1731. P. A. LE MERCIER, Syndic.